原田 武

共感覚の世界観

交流する感覚の冒険

新曜社

目次

第5章　「万物照応」という思想　135

第6章　共感覚と社会　165

装幀　難波園子

序章　共感覚の問題性

そのとき私は大理石の像をさらによく理解し　沈思したり比較したりして／撫でさする眼で見　見つめる眼で触っているのだ。

（ゲーテ／富士川英郎訳「ローマ悲歌」）

響きあう感覚

谷崎潤一郎は、日本家屋の薄暗い室内で濃い色の羊羹を味わいながら次のような感慨を抱く。

人はあの冷たく滑らかなものを口中にふくむ時、あたかも室内の暗黒が一箇の甘い塊になって舌の先で融けるのを感じ、ほんとうはそう旨くない羊羹でも、味に異様な深みが添わるように思う。

『陰翳礼讃』

村上春樹の描写では、お客で混みあった夏の夜のバーの、人いきれに満ちた室内は次のようである。

僕は〈ジェイズ・バー〉の重い扉をいつものように背中で押し開けてから、エア・コンのひんやりとした空気を吸いこんだ。店の中には煙草とウィスキーとフライド・ポテトと腋の下と下水の匂いが、バウムクーヘンのようにきちんと重なりあって淀んでいる。

『風の歌を聴け』

谷崎のように、ほんらい視覚対象である暗闇が触知可能な固形となって風味まで加わる場合であれ、村上のように匂いが鮮やかな形態と色彩を帯びる場合であれ、ここではふつう個別に働くとされる五感のそれぞれが入り混じり、協働する。心理学あるいはレトリックの用語で「共感覚」(フランス語ではシネステジー)[1]と呼ばれる知覚の一形態である。

感覚間のまたがりにとりわけ関心を払う近代日本の作家といえば、宮沢賢治、北原白秋、三島由紀夫、最近では村上春樹などであろうか。とりわけ三島の作品は、オルガンの音に混じる女性の歌声を「音楽の流れの中を、ひらりひらりと光る鰭《ひれ》をみせてすぎる鮎」(『岬にての物語』)に喩えたり、桜の花に風が当たるさまを「しなしなと花が呟くように揺れる」(『春の雪』)と形容したり、卓抜な共感覚表現に事欠かない。

二千人に一人とも、二万五千人に一人とも、研究者によって数字はさまざまだが、世の中には生来の共感覚者がいる。特異な神経伝達のメカニズムに発する彼らの共感覚体験は、当人の意志とは無関係に生起し、その多様さはしばしば私たちの意表をつく。評判になったダニエル・タメットの『ぼくには数字が風景に見える』では、単語や数字の一つ一つに色彩も形態も感情も付随することが語られ、共感覚者の女児を主人公とするウェンディ・マスの小説『マンゴーのいた部屋』にもまた、タメットに劣らないいくつもの風変わりな事例がみられる。「チョコレートを食べるとピンク色の四角が見え」、友だちの「笑い声が水色の雲になって小さい雨つぶをまきちらしながらとけていく」（金原瑞人訳）といった具合に。

　いま名前を出した谷崎や三島が、このような不随意な共感覚の持ち主だという証拠はない。もともと、生来の共感覚者なのかどうか、表現された言葉だけでは区別がつかない。アルチュール・ランボーのように、おそらくは共感覚者でなかった詩人であっても、あの有名な詩篇「母音」（一八七一）のように驚くべき共感覚イメージを展開したのである。「A《アー》は黒、E《ウー》は白、I《イー》は赤、U《ユー》は緑、O《オー》は青、母音たちよ、／おれはいつかおまえたちの秘められた誕生を語ろう、……」（粟津則雄訳）

　生来の共感覚者による知覚そのものの再現と、言語上の一種のレトリックと、共感覚現象は確かに二種類に分けられる。しかし、ある人が共感覚者なのかどうかという詮索は大して生産的だとは思えない。表現自体がどんなに異様であっても、私たち非・共感覚者の心に響くことは十分にあり得る。そのとき、それが共感覚者の手になるものかどうかは問題にするまでもない。「黄色い声」「暖かい色」「丸い味」など、日常語に溶け込んだ共感覚表現だって少なくないし、「目で食べる」「香を聞く」といった言い方を私たちはよくするのだ。共感覚は人間のすべてに開かれた感じ方なのだとの前提に立ち、それを自分のこととして引き受けるところから始めなければならないのである。この問題は次章の冒頭で再び論じる。

『戦艦ポチョムキン』で有名な映画監督エイゼンシュタインは、日本の歌舞伎には光を聞き、音を見させるような効果があるとの感想を洩らしたという。日本の伝統文化についていうなら、和室で羊羹を味わう場面について谷崎が感じたような共感覚的雰囲気を、お茶席の空間に当てはめることもできるだろう。壁にかかった掛軸から茶筅の立てるかすかな音まで、これはまさしく五感のすべてが一つに溶け合う機会である。共感覚の日常性についても、次章の終りでもう一度ふれる。

実際、昔からの東西の文学作品で感覚作用が相互に転移するケースに多少でも目をやると、それらが意外に多数にのぼり、形態も用法も多岐にわたることに気づかされる。

ここではさしあたり、基本的なところで、共感覚表現には人々のどんな期待が託されているのか、人間の知覚のどのような側面に対応するのか、少しみておくことにしたい。

共感覚表現が目指すもの

村上春樹が訳したレイモンド・チャンドラーの『ロング・グッドバイ』（一九五三）には、「ぐさりと刺さって背中から少なくとも十センチは突き出そうな視線」とか、「彼女の微笑みは鋼鉄でできていて、その鋭い視線はヒップポケットに入っている札入れの中身まで勘定できそうだった」といったたぐいの、気の利いた言い回しが何回も出る。

文学作品によく用いられる共感覚表現から、誇張・諧謔《かいぎゃく》・皮肉といった文体的効果を感じ取ることは容易だ。作者のてらいや、ことさらの技巧が鼻につく場合だってあるだろう。すべての隠喩的な表現がそうであるように、共感覚的な言い回しもまた現実をいったん捨象し、話し手の想像力を働かせることによって成り立つ。ひとたび想像力に火がついたうえは、共感覚に訴えることが、作者の思い入れを多分に含んで意外性と発想の妙をねらう機会となるのは否定できない。

だが三島由紀夫が、音楽会で曲のなかにうまく入っていけない女性のいらだたしさを表現して、「音は少しも流れず、硝子の破片のようにとげとげしく耳に刺さ」（『美徳のよろめき』）ると書くとき、これは私たちの実感とうまく重なる。また宮沢賢治の『春と修羅』第二集で、「山の尖りも氷の稜《かど》も／あんまり淡くけむっていて／まるで光と香ばかりでできているよう」とか、「月のひかりがまるで掬って呑めそうだ」といった詩句を読むと、美しさばかりか、感じ方の適切さに心を打たれる。

注意しなければならないが、共感覚表現に訴えるとは、ことさら意外性を意図することでは必ずしもない。見たり聞いたりの感覚作用は、生理的には、確かに目や耳という個々の感覚器官によって行なわれはする。しかし、どんな珍味佳肴でも、真っ暗ななかで独り口に押し込んだのではそれほどおいしくない。ショー・ウィンドウのガラス越しに気に入った茶碗を凝視するとき、手にどうなじむか、凹凸の暖かさや冷たさはどうか、目で触ってみない人がいるだろうか。生理的には別々に感じ取られても、想像力の働きとして五感のおのおのが交錯することはけっして珍しくないのだ。

ミケル・デュフレンヌは、「諸感覚が相互に交流することを理解するには、想像力を信頼するだけで十分である」（『眼と耳　見えるものと聞こえるものの現象学』桟優訳）と言った。人間はどうやってみても、一挙手一投足、想像力の関与なしでは何もできないのである。

本当に、想像世界に身を置く限り「わたしたちは、氷砂糖をほしいくらいもたないでも、きれいにすきとおった風をたべ、桃いろのうつくしい朝の日光をのむことができます」（宮沢賢治『注文の多い料理店』「序」）。

そのうえ、私たちの知覚に早くから刷り込まれた牢固たる通念ではあっても、感覚を五種に限定することと自体、厳密には当を得ない。運動感覚、平衡感覚、内臓感覚など、五つでは捉えきれない感覚作用はいくつもあり得る。皮膚感覚に限っても、手で触ること以外に、圧覚、温覚、冷覚、痛覚など分類しにくい種々の働きが含まれる。感覚作用の算定は研究者によって一定せず、少なくとも三七の感覚的インプットがあると書く本まである（ブライアン・キイ『メディア・セックス』）。

そうなると、ありきたりの言語活動に頼って、生理的・概念的な知覚に終始する限り、私たちは知らず知らず知覚内容を枉《ま》げ、そこから多くのものを汲みそこなっていることになる。共感覚表現はその間隙を埋め、損失を多少でも回復させる働きに貢献するだろう。

付け加えて、感覚作用が本来どれほど主観的かつ相対的かをぜひ考慮に入れる必要がある。何をもって美味・芳香とするかは人それぞれに違ううえ、そのときの気分しだいで好きな匂いが異なったりもする。村上春樹の『1Q84』に登場する一人物が述べるのに、「痛みは多くの場合、別の痛みによって軽減され相殺される。感覚というのはあくまで相対的なものだ」。

人によっても、時と場合でも、微妙に異なる感覚の中味を言葉で表わすのは、本当は至難の業である。ジャン・スタロバンスキーが『活きた眼』で縷々論じるように、自己の知覚内容をくまなく掬い上げようとするなら、どうしても焦燥感は避けがたい。鷲田清一が「感覚についてはいつも言葉が不足しているというのは、いったいどういうことだろう」(『感覚の幽《くら》い風景』)と自問するのも当然なのだ。共感覚という立脚点を得ることで、言葉の不足から来るもどかしさはいくらかでも解消に向かうだろう。

共感覚表現は本来的に、言語表現の隙間を埋め、知覚体験にあたっての正確さの追及を目指すものと考えるべきなのだ。

言語を自己の感覚体験に密着させるのがどんなにか歯痒く困難な行為だとすれば、言語学者、安井稔の主張にも納得がいく。彼は著書『言外の意味』で共感覚表現を論じて、これは「意味あり、されど形式なし」という場面のなかで「せっぱつまった」話し手が最後の助けを言語に求めたときに成立するものだ、と述べるのである。

心理学的な側面から共感覚を研究するアメリカのケヴィン・ダンが、適切な共感覚表現には「ユリイカ(私は発見した)!」という感動、絶対的な印象が伴うものだと論じていることも付記しておいてよい(『間違って見られた明るい光・共感覚と超越的な知の探求』)。

ともかくも、共感覚表現を単なる言葉のあやとだけ捉えるのは正しくない。ときとして生理的・現実的に不合理な言語操作に及ぼうとも、そこには適切さと迫真力への希求が内在すること。これは、これからさき心にとどめておいてよいことだと思われる。

大江健三郎の『燃えあがる緑の木』第一部に、地面に丸めて置かれた男物のジーンズのブルゾンから発する、強い匂いを描いた一節がある。それは「新しい青臭さと古い黴《かび》臭さのまじりあった、色濃い匂い」「キノコ狩りに森へ入る際あたりに満ちている匂い」だ。匂いが「色濃い」とはいかにも唐突に思えるが、そう言わなくては納まらない知覚の衝迫が、この表現を支えているのである。

この項の始めでみた『ロング・グッドバイ』からの例にしても、誇張や諧謔の印象は拭いがたいとはいえ、それぞれに、眼差しの強烈さ・鋭さの言語化に極力肉薄しようとする姿勢を汲むことはできるのである。

現実原則を超えて

江戸時代まで遡ると、松尾芭蕉など共感覚表現の名手と称するに足り、現実原則を超えて、心を天外に遊ばせるような作品がいくつもある。いまは次の三句を取り上げる。

石山の石より白し秋の風　　　『奥の細道』

郭公《ほととぎす》声横たふや水の上　『藤の實』

鐘消えて花の香は撞く夕かな　『都曲』

冒頭の句は「石」の語を二回重ねて、ひしひしと身に迫る秋風の寂寥感を際立たせる。「白さ」と「寂しさ」は内面的に呼応するだろう。「郭公」では、声を「横たふ」と表現したことで得られる絶妙な効果を、注解者は一様に指摘する。この語によって、声の重量感も水の広がりも鮮やかに目に浮かぶのだ。

「鐘消えて」の句は、共感覚を研究する二人のアメリカ人神経科学者の注意を惹いた。ジョン・ハリソンは邦訳のある『共感覚・もっとも奇妙な知覚世界』でオーディンというたぶん日本文学研究者に拠って、この作品の解釈を示した。リチャード・E・シトーウィックのほうは、大著『共感覚・諸感覚の結合』（以下「シトーウィック（A）」と略記する）でやはりオーディンの解釈にもとづいて英訳を掲げ、この句が入り組んだ共感覚構造を持つことに格別の関心を抱いた。

オーディンの解釈とは「消えゆく鐘の音が花の香りと溶け合い、さらに夕方の薄暮と混じりあう」というものである。この句の理解としてまず正しいだろう。この句が見事なのは、鐘の音、花の香り、夕闇の三者が一体となって融和し、鐘がその響きに載せて香りと夕暮れを周囲に延べ広げると感じさせるところにある。逆にまた香りが、さらには夕闇までもが、鐘の音を発するかのような印象も伝わる。夢のようにあえかな世界である。

シトーウィックは、この句で聴覚・嗅覚・視覚という三つの感覚が無理なくまじりあう姿にいたく感興をそそられ、共感覚をうたったボードレールの有名な詩篇「照応《コレスポンダンス》」（一八五七）の一行を引く。「もろもろの香り、色、音はたがいに応《こた》え合う」（阿部良雄訳）。（本書では、第5章の冒頭でこの詩の全訳を掲げる）

「鐘消えて」に感嘆したシトーウィックがここで、共感覚とは「科学的な方法との対比において、体験をその全体において提示する有効な方策である。科学のほうは、全体をなすものをその構成要素に分解してしまうのである」と書いていることにも注意を払っておこう。

いわゆる科学的な知覚にからみつかれた私たちは、どうしても感覚の一つ一つを個別に考えがちだ。感覚同士が実は自由に交流しあうのだと聞くと、もっぱら夢まぼろしの世界だと思いかねない。しかし硬直した合理的な判断から離れ、想像力を存分に駆使することによってむしろ、体験に密着し、それを正確な姿において捕捉できるのだと考えねばならない。前項で問題にしたような「正確さ」の追求と、夢まぼろしに近いこととは矛盾しないのである。

大江健三郎の描くブルゾンの匂いの場合と同様、自分たちの知覚に忠実である限り、鐘が香りを響かせ、夕闇が鐘を撞くとしか言えない状況も存在するのである。

対象とじかに接するごく即物的な知覚から発しながらも、共感覚には幻覚と重なる可能性が内在していることがわかる。

感覚越境の自在な広がり

芭蕉がやってみせたような、夢と幻覚に近い共感覚表現がどれほど大胆かつ大規模な冒険にまで至り着くか、フランス文学に目を転じていくつかの例をみよう。

ボードレール以後のいわゆる象徴派の詩が共感覚をことのほか愛好したことは、ここでは措く。小説の世界でなら、例えばユイスマンスの「口中オルガン」の発想はどうだろうか。

その長編『さかしま』の主人公デゼッサントにとっては、壁際にずらりと並んだ小さな酒樽のそれぞれの味覚が楽器の音に対応している。「辛口のキュラソーは酸味をおびた滑らかな歌声のクラリネットに対応し」、「ブランデーはチューバの耳を聾する轟音とともに鳴り響く」（澁澤龍彦訳）といったふうに。彼はあれこれと一滴一滴味わいながら、口のなかで弦楽四重奏を編成しようとまで夢見るのだ。[2]

また、例えばエミール・ゾラの作品。『ムーレ神父のあやまち』の終り近い場面で、薄幸な女性アルビーヌは自ら死を選ぶのにあたって、部屋中を数多くの花で飾る。むせかえるような花の芳香が、彼女には楽器の音だ。彼女はそれらを葬送の交響楽として最期を迎えるのだ。

もう一つ、ゾラの『パリの胃袋』には、パリの中央市場を埋める膨大な食品の、うなされるほど綿密な描写がある。各種の色鮮やかな野菜が鋭く鈍く歌声を挙げる場面もさることながら、ありとあらゆるチーズの強烈な匂いが楽音となってあたりを圧する、まがまがしいほどの叙述は忘れがたい。
フランス小説に数多い共感覚描写からたった一つを選ばなければならないとしたら、狭い知見の範囲であっても、私はやはりプルーストに指を屈するだろう。『失われた時を求めて』のあちこちに散在する、さまざまに創意を凝らした作例のなかでも、『ソドムとゴモラ』の中ほどにある女性同士のダンスの情景にとりわけ心が動く。語り手の恋人アルベルチーヌが、実は同性愛の関係にある女友だちアンドレと乳房をくっつけあってステップを踏み、はじけるような高笑いを発する場面である。その場に居合わせた医師が、二人の女はいま快楽の絶頂にあると観察をくだす。医師によれば、女性が快楽に達するのは乳房によってなのだ。

その笑い声は、直ちに、今しがたそれが身をこすり付けながら通過してきた血色のよいバラ色の肉体や、香りのよいからだの内壁を思い浮かべさせ、ゼラニウムの匂いのように苦味があって官能的で、秘密を暴露させるようなその笑い声を聞いていると、体内のいくつかの小片、ほとんど計量可能な、いらだたしくも秘密にみちた小片が、声と一緒に外部に運び出されるようにも感じられるのだった。[3]

芭蕉の「鐘消えて」の句が三つの感覚にまたがるのに反して、こちらは聴覚が視覚、嗅覚、味覚を次々と誘い出したあと、「計量可能な小片」によって触覚に及ぶ。動員される感覚は五感のすべてに達するのだ。ユイスマンスの「口中オルガン」が特殊な仕掛けなのに反して、これはごく日常的な場面である。快楽に達した女性の重く分厚い笑い声を通じて、ここからは彼女らの心身の高ぶりとともに、この場を見守る語り手の不安や嫉妬まで伝わってくるのだ。

生々しくグロテスクな表現でさえあっても、欲望に衝き動かされた女性の声を耳にするとは本当にこういうことなのだ、と深く納得させられる描写ではある。

以上、フランス小説からの数種の例はいずれも、芭蕉の繊細な詩情とは打って変わって、濃厚かつ執拗である。感性の東西比較が成り立つかもしれない。しかし、共感覚表現は作者の情感と欲望を湛えて、ここまで自在に感覚の垣根を越え、想像力に衝き動かされて遠くまで駈けることができる。そのこと自体は、洋の東西を問わないのである。

本書の抱負と「共感覚」概念の画定

共感覚について考えるのに、いくつもの視点があり得るだろう。認知言語学あるいは文体論の立場から近づくこともできるし、神経科学的、心理学的に問題を捉えることも可能だ。

本書では、これから主として内外の文学作品から例をとりながら、共感覚的な知覚を通せば世界はどう見えるか、そこには人間のどんな願いがこめられているのか、思い切って広い視野で考察を加えてみたい。共感覚表現が夢まぼろしに等しい非現実への志向を含むことは、すでにいくらか察することができた。さらには、人間を縛る五感の拘束から自由になることは、現実世界のもろもろのカテゴリーを超越しようとする一種神秘的・宗教的な欲求とも無関係ではないだろう。

また一方、五感として一括される感覚それぞれのあいだで何ほどかの連合が成り立つとすれば、これは昔から人類の想念にある「万物照応」の思想の一環をなすことになる。共感覚とは、一つの世界観なのである。それが示唆する問題の範囲はずいぶんと広いのだ。

本書の最後の章では、マーシャル・マクルーハンの『メディア論・人間の拡張の諸相』のように、共感覚現象を今日のメディアと結びつけた考察を取り上げる。商品に付加価値を付与する場合も含めて、それはときとして影響力の大きい社会レベルの出来事でもあるのだ。

本論に入る前に、「共感覚」と呼ばれる知覚作用の意味範囲を画定しておく必要があるだろう。視覚から聴覚へ、嗅覚から触覚へといった感覚相互の転移のほか、例えば同じ感覚のなかでの移行もあるからだ。芭蕉の句「閑《しずか》さや岩にしみ入《い》る蝉の声」（『奥の細道』）や、山頭火の「石ころに陽がしみる水のない川」で、触覚にかかわる硬さの感覚が柔らかさとして知覚される場合のように。逆に、「飴のように粘着力のある水」とか「縞模様の暗闇」のように、形をなさないもの、捉えられないものを触知可能とする感じ方もある。

一方では、「ブルーな気分」「頭のなかが真っ白になる」「熱いものがこみ上げる」といったふうに、心理的な体験が感覚イメージと重なるケースも少なくない。村上春樹には、「まるでビニール・ラップにくるまれて冷蔵庫に放りこまれそのままドアを閉められてしまった魚のような冷ややかな無力感が私を襲った」（『世界の終りとハードボイルド・ワンダーランド』）という、恐ろしく手の込んだ表現までである。

付言すれば、宮沢賢治がその作品のなかで、さまざまの種類の青を多用したことはよく知られている。そこには、大正時代の「インテリの色」であった「憂鬱のブルー」が色濃く反映しているのだという研究もある。

またときには、心理や感情から離れて、本来感覚で捉えるすべもない作品の内容や題名、それに人名・地名までもが感覚で捉えられる。プルーストは、ネルヴァルの短篇『シルヴィー』は青味がかった、あるいは深紅に染まった雰囲気に包まれていると評した。ゴンクールの日記によれば、作家フローベールは当時執筆中の『サランボー』をもっと赤色なものにしたいとの希望を洩らしたという。プルーストの『スワン家の方へ』第三部には、「赤味がかった高貴なレースをまとってあんなにも高い」バイユーの町とか、「田舎の沈黙のなかで、蝿の付きまとう馬車の音ばかりが響く」ラニョンとか、地名から紡ぎ出された、まだ見ぬ遠い町のイメージがふんだんに出る。

分析を必要とせず、言葉数も少なくてすむ。多少大雑把であれ、万人の感性に訴え、即物的にして包括的。感覚とはおよそ縁遠い事象に、感覚的言辞が用いられる理由はいくつも考えられる。感覚器官の束縛を離れて、人間が思いを馳せるところ、どこへでも忍び込むのが感覚のありようなのである。

本章の冒頭で言及したダニエル・タメットの『ぼくには数字が風景に見える』は、通常の共感覚概念を揺るがすような、さらに異様なパターンで私たちを驚かせる。数字という抽象的な記号にまで、形や色や感情ばかりか独自の「個性」が付与されるのだ。彼にとっては「11は人なつこく、5は騒々しい。4は内気で物静かだ」（古屋美登里訳）。生来の共感覚者の知覚世界は、ときとしてこんなにも常人の感性からかけ離れるのである。

言語学的な共感覚研究では、厳密に感覚相互の転移だけを扱い、「ブルーな気分」以下、そこからはみ出る事例はあまり問題にしない傾向があるように思う。しかし広い視野に立つという本書の抱負からいっても、「特異な」ケースの持つ意味にもなるべく注意を払っていこう。多様・多彩な人間行動のうちには、その表現に感覚作用の即物性・直接性が必要とされるケースがあっておかしくない。人間の内面と感覚とは、けっして別個に存在するわけではないのだ。

「共感覚」概念を検討するうえで、もう一つ、これに近い「共通感覚」のそれにも目を向けておこう。この用語は中村雄二郎の『共通感覚論』ですっかり有名になったが、言葉としては社会常識の意味でのコモン・センスから来る。中村はこの語を、五つの感覚を貫き、それらを統合する感覚（「センスス・コムヌス」）という、本来の意味で用いるのだ。

つまり、「共感覚」が個々の感覚の独立性をいったん認めたうえで、その間の転移を問題にするのに反して、「共通感覚」はもっぱらそれらの分裂を解消させ、諸感覚の根源的な一体化を追求するのである。したがって、一方が「転移」に目を向け、もう一方が「集中」に注意を払うとしても、感覚がそれぞれ別個に働くものではないと考える点では、双方は同じ基盤に立つ。両者の同一視が生じるのも無理のないところではあろう。

イーフー・トゥアン『感覚の世界』の邦訳では、ふつう共感覚と訳される語のすべてに「共通感覚」が当てられる。中井久夫はエッセイ「われわれはどうして小説をよめるのか」で、自分には「ロシア文字は全体として黒っぽく、ハングルは白っぽい」ときわめて共感覚的な体験を語りながら、これを共通感覚の語で呼ぶ。これらの語の使用頻度が高まるにつれ、両者のバリアはますます低くなっているのかもしれない。

第1章　知覚かレトリックか

もしある現象が──たとえば、反射光にせよ風のかすかなそよぎにせよ、──私の感官の一つにしかあたえられないならば、それは幻影にすぎない。(……)セザンヌがかつて言ったように、テーブルはそれ自体のうちに風景の匂いまでも含んでいる。

(メルロー＝ポンティ／竹内芳郎ほか訳『知覚の現象学』)

共感覚者と非・共感覚者

ケヴィン・ダンは前章でふれた著書『間違って見られた明るい光・共感覚と超越的な知の探求』で、生来の共感覚者とそうでない人々とを厳密に区別する。神経のメカニズムに発する動かしがたい「知覚」として生起する場合こそ共感覚の名に値し、非・共感覚者が行なう同種の表現はロマンチックな模倣にほかならない。彼はこれを単なる「レトリック」として、問題の外に置くのだ。

この考え方に立つと、誰を真正な共感覚者と認めるかという点だけにおいても、これも前章で言及した同じアメリカの研究者シトーウィックとのあいだでかなりの相違が生じる。シトーウィックが共感覚者とみなす詩人アルチュール・ランボー、画家カンディンスキー、作曲家スクリャービンのような人たちは、ケヴィン・ダンの目には本当に共感覚の持ち主とは映らない。有名人でダンが本物と認めるのは、かろうじて作家のウラジーミル・ナボコフにとどまる。

ダンがこうした厳密さにこだわるのは、共感覚という知覚現象をあくまで脳内で起こる現実の生理的な出来事として理解しようとする姿勢から来る。これがどんどん範囲を広げ宗教や神秘現象と手を携えて、現実からの「超越」の手段となるのが、彼には容認できないのだ。タイトルから想像されるのとは違って、これは共感覚を通じた「超越的な知の探求」への論難の書である。

ダンの主張を知るにつけ、シトーウィックとケヴィン・ダンという練達の研究者同士での、こんな食い違いは私たちを戸惑わせる。シトーウィックのほうは邦訳のある『共感覚者の驚くべき日常』（以下シトーウィック（B）と略記）で、カンディンスキーを「共感覚のある画家」と認めて、「おそらく誰よりも深く感覚の融合を理解していた」（山下篤子訳）人物と称え、スクリャービンについてもその色彩を加えた交響曲『プロメテウス・火の詩』の意義を熱っぽく説いているのだ。彼がランボーを共感覚者と断じるのはいささか早計に過ぎ、この点ではダンに軍配を上げたくなるけれども。

第4章で詳しく取り上げるが、作曲家オリヴィエ・メシアンは幼児期から音楽を聞くときまってさまざまの色彩が頭のなかに浮かんだといい、その印象を自らの作曲に生かす。しかし、そんな彼も知的にそうするのであって、眼で見ているわけではないと断る。要は、ある人が「真正」の共感覚者であるのかないのか、よほどの確証の無い限りはなはだ区別がつきにくいということなのだ。

ボードレールといえば、その詩「照応《コレスポンダンス》」は共感覚をうたった名品として、ランボーの「母音」と並んで文学史上双璧をなす。ジャン・ポミエは彼にとって共感覚が、とりわけ音が色彩に転移する「色調」現象がどれほど自然であったかを詳しく論じた（『ボードレールの神秘学』）。実際、彼には「照応」以外にも共感覚を含んだ作品がいくつもあり、本書でも以後しばしば参照することになる。これらを考慮に入れないで共感覚を論じることは、事実上不可能である。

こんなボードレールを、ジョン・ハリソンは当然共感覚者だと考えるが、ケヴィン・ダンはこれに与しない。ポミエ自身も彼の言葉遣いがずいぶんと知的だとして、頭脳的な部分が神経の働きにまさっているとの判断をくだす。

むろん、数は少なくても、ときには議論の余地なく共感覚者と認定しなければならないケースはある。すでにみたダニエル・タメットの『ぼくには数字が風景に見える』には、時間の流れが目で確かめられるとか、数字には形も色も質感もあるといった人を驚倒させる事例がいくつもある。ケヴィン・ダンは、シェレシェフスキーという名のロシア人男性[1]の奇抜な感覚世界を取り上げているが、彼の場合、何かの音を聞くとただちに雲をなす蒸気とその流れが目に見え、文章を読んでも各語があまりに鮮烈な色彩感を発揮するので、意味がろくに頭に入らなかったという。

生来の共感覚者としては、日本でなら宮沢賢治の名が浮かぶ。精神医学の立場から彼の知覚世界の特徴を網羅的に論じた福島章は賢治が描いた奇妙な絵について、これが音楽を聴いたときの色聴の視像を記録したものではないかという研究成果を引用している（『不思議の国の宮沢賢治』）。板谷栄城もまた、レコードを聴いているときの彼の熱中ぶりと幻想のすばらしさに感動を抑えられなかった親友の言葉を記録している（『宮沢賢治　美しい幻想感覚の世界』）。「たしかに彼は色彩と光を目からも耳からも感じた幸運な男であった」

特殊にして普遍的

少数の例外を除いて、これぞ共感覚者とはなかなか断定しにくいのも当然といえば当然であろう。共感覚的知覚はいわば「自己申告」制であるから、「私にはこう見える」と言い張られると、反論の余地は乏しい。また、共感覚者と非・共感覚者とが明瞭な一線で区別されるものでもない。のちの章で詳しく論じるが、一時的に幻覚剤のたぐいで感覚の融合が生じることも、入眠時のおぼろげな意識の混濁が同種の体験を引き起こすこともある。

生来の共感覚者だったとはちょっと考えにくい作家モーパッサンでも、共感覚体験を味わったことがあった。彼はヨットで地中海を航行中、サン・レモの沖合で、夕闇に混じって陸地から聞こえてくる音楽のあまりの快さに陶然となる。海岸からは同時に、昼間太陽に焼かれた樹木の強い香りも漂ってくる。なかば夢見心地で、「もはや自分が音楽を吸っているのか、香りを聴いているのか」判然としないと彼は感じる。突然の不思議な感覚に、彼は記憶にある二つの詩、ボードレールの「照応」とランボーの「母音」を思い返すのである（『放浪生活』）。

序章の冒頭で、ある人が共感覚者かどうかの詮索はあまり生産的ではない、との立場を示した。神経科学に詳しいシトーウィックとケヴィン・ダンとの意見の相違を知ったあとでは、問題を人間一般に及ぼさねばならないとますます感じる。それが神経現象としての共感覚なのかどうかは脇に置き、たとえ単なるレトリックであれ、この現象には人間の関心を引き付けるものがどれほど内在しているかに注意を向けるのが正しい態度であろう。

ケヴィン・ダンとは別の路線を進むことになっても、長い歴史のなかで共感覚が何らかの「超越」の手段であったという事実も、看過することができない。いま引いたモーパッサンの体験にしても、すでに恍惚感という日常現実からの「超越」が語られているのである。

当人が真正の共感覚者かどうかという議論にはこれ以上立ち入らないが、共感覚なるものがどれほど主観的で、人によってまちまち、ときに異様とも突飛ともみえる姿をとることは強調しておく必要があるだろう。

共感覚表現に話題が及ぶと誰もが引き合いに出すランボーの十四行詩《ソネ》「母音」も、相当に難解である。次にこの全文を掲げる。

A《アー》は黒、E《ウー》は白、I《イー》は赤、
U《ユー》は緑、O《オー》は青、母音たちよ、

おれはいつかおまえたちの秘められた誕生を語ろう、
A《アー》、無残な悪臭のまわりをうなり飛ぶ
きらめ光る蝿どもの毛むくじゃらの黒いコルセット、
かげった入江。E《ウー》、靄《もや》と天幕の白々とした無垢、
誇らかな氷河の槍、白い王たち、繖形花《さんけいか》のおののき。
I《イー》、緋の衣、吐かれた血、怒り狂った、
あるいは悔悛の思いに酔った美しい唇の笑い。
U《ユー》、循環期、緑の海の神々しいゆらぎ、
家畜の散らばる放牧場の平和、学究の
広い額に錬金の術が刻む小皺の平和。
O《オー》、甲高い奇怪な響きにみちた至高の喇叭《らっぱ》、
諸世界と天使たちがよぎる沈黙、
――おおオメガ、あの人の眼の紫の光線!

（粟津則雄訳）

周知のように、この詩には無数の解釈がある。共感覚を前提にした読み方がむろん皆無なのではない。だが、これは詩人が幼時のころ使っていた辞書の挿絵に由来するのだという説があるかと思えば、各母音に付与されたイメージのそれぞれが、性行為の際の女性の姿態・表情を表わすのだ、との思い切って大胆な解釈に立つ研究家もいる。この詩だけをもとに、ランボーが生来、神経現象としての共感覚者だったと軽々に断定できるものではない。

この詩の「わかりにくさ」のあまり、なかには種村季弘のように、これを、いわゆる「グロッソラリー」に近づけようとする人もいる（『ナンセンス詩人の肖像』）。グロッソラリーとは、例えば宗教的な脱魂状態で口にされる、ろれつの回らぬ意味不明の発話である。種村の挙げる例でいえば、昭和初期の妙好人浅原才市が法悦状態で書き記す念仏歌がこれに当たる。もっとも、種村季弘は「母音」をグロッソラリーそのものとみなすのではなく、象徴詩一般については慎重に論述を控えるのだが。

ランボーの「母音」に関しては、小説家にして文学研究者エチアンブルの著書『母音のソネ』が興味深い。彼はこの詩の主だった解釈を逐一俎上に載せ、その問題点を仔細に洗い出していくのだ。これを読んでいくと、当然ながら、ある母音の響きからどんな色を感じ取るかという一点においてすでに、ずいぶんと見方が分かれるのを知る。

エチアンブルが引用する、フルールノワなる研究者の行なった調査結果を25頁に転載するが、例えばランボーと同様「A」を「黒」とみるのは二〇九人中四五人で、三位にすぎない。「I」＝「赤」、「U」＝「緑」でこそ、それぞれ一位だが、「E」でも「O」でも順位はだいぶ下になる。これは、

母音にどんな色を「見る」か

色	A（アー）	E（ウー）	I（イー）	O（オー）	U（ユー）	OU（ウ）
無色	9	6	12	9	7	9
白	52	29	43	16	1	1
灰色	4	27	6	6	7	17
黒	45	11	16	26	13	10
茶色	6	6	2	17	21	34
赤	50	14	49	38	12	18
黄	11	38	28	42	15	9
緑	3	17	19	12	53	11
青	26	36	19	6	24	12
紫	3	2	2	6	21	12
合計	209	186	196	178	174	133

テオドール・フルールノワによって一八九三年、総計一、〇七六人を対象に行なわれた調査だという。なお、この調査についてはケヴィン・ダンの著書にも言及がある[2]。

　序章で述べたが、もともと主観的・相対的なのが感覚作用一般の特徴である。私たちはけっして物差しどおりに対象を知覚するわけではなく、さらに進んで、実際に知覚されたものか、ただ想像されただけなのかは、当人ですらわからない場合もある。感覚器官が機能する瞬間、欲望も好悪も利害の感情も同時に発動するから、私たちはそのとき対象自体を知覚するというより、自分たちの内面を認知しているだけかもしれないのだ。

　大江健三郎『燃えあがる緑の木』第一部に、感覚の共通性について疑義を挟み、「自分がどう感じているかということを、他の人間がどう感じているかということと比べる方法は、厳密にいえばないのじゃないか？」と問いかける人物が登場する。哲学者大森荘蔵は音楽家坂本龍一との対談で、知覚的世界において真偽はあり得ないことを力をこめて語る（『音を視る、時を聴く』）。もともと、感覚内容に変形や歪みが加わると考えること自体が正しくないのであろう。

個々の感覚作用について提起されたこの問題は、感覚転移においていっそう深刻になる。ヴィクトル・セガレンの小冊子『共感覚と象徴派』は、共感覚がどんなにか自分独自の体験であることを繰り返し述べる。言語学者ミシェル・ル・ゲルヌは『隠喩と換喩の意味論』で共感覚隠喩に言及し、日常言語のなかに溶け込んだ成句的表現だけを研究対象とみなす。個性的な知覚の産物で、ときとして恣意的ですらあり得る共感覚表現は、言語外的事象として圏外に置くのだ。

しかし、主観的であるからといって、共感覚が例外的な出来事だということにはけっしてならない。出来事自体の主観性と、それが頻繁に起こることとは別個である。みんながてんでんばらばらのイメージを持ち出すのも、それだけ自分なりの感じ方が、各人の心のなかにあるからだ。そればかりか、私たちはのちに、すべてまちまちに思える共感覚イメージであっても、ある程度まで人々に共有され得ることをみるだろう。

感覚相互のまたがりという現象には、神経系統のメカニズムうんぬんを超えて、ごくふつうの人間の心性に響く何かが宿っていると想定せずにはいられないのだ。

シトーウィック（B）は共感覚者の異種感覚間連合と非・共感覚者のそれとを明瞭に区別し、後者は「言語のような抽象的能力の基礎にあり、高次の精神レベル、皮質の高次レベルで起こる」ものだとみなす。しかしもう一方で彼は、共感覚が「正常な脳のプロセス」であるとして、「私は、共感覚はほかから切り離された少数者だけの奇癖ではなく、その一部の局面はだれにも可能な認識的理解を指していると考えるようになった」と打ち明けるのである。

本章では以後、①歴史的な経緯、②発達段階、③幼児体験、④表現パターンの方向性、⑤共感覚体験の共有、⑥日常生活にある感覚転移、の六点に沿って問題を追っていくことにしたい。

歴史的な経緯

ヴァルター・フォン・ヴァルトブルクは名著『フランス語の進化と構造』で、「さまざまに起源の異なった感覚、たとえば視覚と触覚を混ぜ合わせる秘密を発見した」（田島宏ほか訳）のはジャン＝ジャック・ルソーだとして、『新エロイーズ』（一七六一）から「月光の下で水面をきらめかせている銀色のざわめき」という一文を例に挙げる。

ルソーが個々の感覚の働きや、感覚間の相互作用にことのほか強い関心を抱いていたのは事実である。このことをめぐって、とりわけ『エミール』（一七六二）に鋭い考察がみられ、その第三編には触覚が視覚の代わりをすること、ときには聴覚の代理としても働くことを詳しく論じた箇所がある。

ヴァルトブルクが言うように、「感覚と激情の力が、ジャン＝ジャックにあっては、言語の表現方法を一変させてしまった」のは事実であろう。

一八二〇年代に刊行され、今日でも参照されることの多いピエール・フォンタニエの『言葉のあや』は、当時として画期的なレトリックの概説書である。だがここで、比喩的表現のあらゆるパターンが細かく列挙されたなかには共感覚的隠喩は含まれていない。大部な『フランス語宝典』によれば、フランス語で共感覚 synesthésie という単語の初出は一八六五年だという。文学の世界でいえば、共感覚表現が盛んに用いられるのはボードレール以後、ふつう象徴派詩人の時代になってからだとされる。

しかし、いくらフランスでの共感覚表現の歴史を浅く見積もり、そのなかでのルソーの果たした役割を重視するにしても、ヴァルトブルクのように、彼をもって嚆矢とみなすのは、どうしても事実に反すると言わざるを得ない。スティーヴン・ウルマンの『意味論』には、共感覚表現の用例を遠い過去に及んで詳しく収集した箇所がある。フランスに限っても、ルソー以前に、十二世紀の吟遊詩人たちも、十六世紀のラブレーやロンサールも、この表現手段に訴えていたことがわかる。

なかでも、フランソワ・ラブレーの『パンタグリュエル物語』第四之書（一五四七）、第五六章にある「凍った言葉」のくだりは、奇想天外な感覚融合のケースとして今日なお私たちを愉しませ、驚かせる。

かつて激しい戦闘が行なわれた、とある冷たい海原では兵士たちの叫び声、武器の音などが凍りついたまま空中を漂っている。「そのなかには、えらくぴりっとする言葉や、血塗れな言葉や（……）、見るだに気持ちが悪くなるような言葉」（渡邊一夫訳）もある。凍った言葉はすべて、手に入れて暖めると雪のように溶けて激しい声を発する。それらは両軍が激突したときの轟音に混じって、敵側の「てんで見当もつかぬ蛮語」とともに、パンタグリュエルたちの度肝を抜くのだ。

フランス文学で、共感覚表現の普及が象徴派以後だという通説も、必ずしも正しくない。エチアンブルはバルザック、ネルヴァル、ゴーチエなど、十九世紀前半に活躍した作家たちの共感覚への関心を指摘する。同じエチアンブルによれば、「一八二〇年から一八七〇年にかけて、母音の色はヨーロッパ文学を通じての常套句であった」。今日の目にランボー独自の着想と思える「母音」（一八七一）も、いまは影が薄くなった同種の作品の流れに位置する。ヴィクトル・ユゴーの詩「街路と森の歌」（一八六五）は母音と色とを結びつけた箇所を含み、デンマークのゲオウ・ブランデスにも（一八五四）、ポルトガルのフェリシアーノ・カスティーリョにも（一八五〇）、同種の試みがあるという。

ウルマンの『意味論』はさらに、共感覚表現の起源をギリシア・ローマはおろか、遡ってエジプトやバビロニアにまで求める。

学術語の匂いのする「シネステジー」という用語の創出は新しく、同一の名前で呼ばれてこなかったにしても、感覚相互の交流という感じ方自体は人類の文化とともに古く、どの時代にも存在したと考えねばならない。

発達段階から

共感覚が脳内でどのようなメカニズムのもとに行なわれるかについては、まだ定説がないようだ。この点は筆者の守備範囲ではなく、本書では論じない。ただ私たちの関心からいって、いくつか提出された理論のうち、感覚漏洩説には心が動く。色聴の共感覚に即していえば、「要するにこの理論では、聴覚情報が、通常は視覚情報を扱っている脳内部位や脳内経路に〈漏れて〉しまうと言っているわけ」（ハリソン、松尾香弥子訳）である。

シトーウィック（B）の言葉で言いかえるなら、共感覚は「一つの感覚から別の感覚にエネルギーが無差別に漏れるのを防げない未熟な神経系から生じる」と推測するのである。対話の席でシトーウィックの説を聴かされた相手は、すぐに「言ってみれば一種の先祖返りだな」との反応を示し、「動物には感覚の区別がない発達レベルがあると考えられるから」と言葉を続ける。シトーウィックはこの説に格別の執心があるのか、ほかのところでも、共感覚者たちを「認知の化石」と呼ぶ。「共感覚は付加されるものではなく、すでに存在している」。大多数の人たちにおいて意識から失われたものを、彼らは運よく保持しているというのである。

共感覚の発生を発達段階のなかで捉える考え方はほかにもある。福島章は宮沢賢治を論じながら、共感覚現象を感覚作用の分化によって説明する。もともとアメーバのような単細胞動物には触覚しかなかったのが、対象の性質を知るための特異な感覚として味覚に分かれる。そのあと、次々と近感覚から遠感覚へと分化を重ねて、嗅覚、聴覚、視覚が生まれることになるのだ（『不思議の国の宮沢賢治』）。

福島が誰の説に拠ったのかは不明だが、五感の基盤に触覚を認める主張は昔からいくつも行なわれてきた。ディドロの『ダランベールの夢』（一七六九）では、触覚を土台として、ここから派生する他の聴覚、味覚、嗅覚、視覚がそれぞれ第一種から第四種の触覚と名づけられる。また、さきほどみたルソーの『エミール』とよく似た思想として、コンディヤックもまた『感覚論』（一七五四）で、触覚こそそれ自体で外部の対象を認識できる唯一の感覚器官であり、触覚の協力があってこそ視覚は務めを果たすことができるのだと説く。

ほぼ同時期のドイツの思想家ヘルダーの『言語起源論』（一七七二）を丹念に調べて、彼においてもまた「すべての感官の根底に存するのは触覚である」との認識が出発点にあることを指摘する研究者もいる（杉山卓史「ヘルダーの共通感覚論――共感覚概念の誕生」）。

五感すべての基礎に触覚を据え、他の諸感覚をこれとの類縁関係に置くことで、確かに共感覚の成り立ちがうまく説明できるだろう。ヘルダーの言葉でいえば、このことによって「すでに多種多様な感覚に、きわめて緊密で強力な言い表わしがたい紐帯」が与えられるのである。

前項で、共感覚が人類の文化とともに古いと考えられることをみた。発生的に考えれば、これはさらに以前、動物がそうであっただろう、五感が未分化の段階を今日にとどめる現象だということもできる。

　ヴィクトル・セガレンは前にも言及した『共感覚と象徴派』で、共感覚表現を好んで用いる作家たちへの、マックス・ノルダウの揶揄あるいは嘲弄を紹介している。ノルダウとは大著『退廃』（一八九四）によって、象徴派に代表される世紀末の文学の行き方に辛辣な批判を加えたドイツ人批評家である。彼の言うのに、ニオガイのような軟体動物は、単一の管でもってあらゆる感覚機能を間に合わせる。これが人間の感覚器官の第一段階である。詩的な印象主義と称するものは、感覚作用を一個に限ることによって、人間の思考を原始の動物的な姿に引き戻し、せっかく今日に至った芸術活動を高度な分化から胚芽の昔に転落させるものにほかならない。幸せにも言語を獲得した人間が、ゲロゲロと鳴く蛙ごときに成り下がってよいものであろうか。

　ノルダウの気に入らないであろう事例をもう一つ付け加えるなら、ケヴィン・ダンの調査によれば、地上には動物状態にも似て、多数の感覚を表わすのにたった一つの用語ですませる文化が今日でもある。アフリカのある部族では、視覚以外の嗅覚、触覚、味覚、聴覚には同一の言葉が用いられるのだという。ダンが付け加えていうように、フランス語の sentir であっても心で「感じる」以外に、嗅覚、味覚、触覚で感知することを含意する。同様な例は、探せばほかにもみつかるだろう。

　ノルダウの批判にセガレンがどう反論したかは、ぜひみておかねばならない。共感覚表現に耽る人たちが知的にみても人間的にも、異常だなどとけっして言えるものではないとセガレンは論じる。ノルダウは感覚器官発生以前の混沌状態を、その現段階を踏まえた総合傾向とごっちゃにしているのだ。ハーバート・スペンサーは、異質なものの内的な結合を説いたではないか。マックス・ミューラーは、隠喩こそが「人間言語の最も強力な道具の一つ」だとみなしたのではなかったか。共感覚に頼ることは、退廃でも病的な退化でもない。「共感覚は退廃ではなく、進歩の兆候なのである」

付け加えていうなら、発達と分化を同一化し、原始と文明を安易に峻別する時代に、私たちはもういない。いわゆる文明社会からみて未開の社会に学ぶべきものはあまりに多く、文明の光を浴びていない人たちの感性には、今日の人間が失った特性がいくつも隠されている。福島章の宮沢賢治論では、ノルダウが動物的と呼ぶであろう共感覚者は、感覚の感度がとくに高い人として位置づけられる。彼らは感覚体験が鋭敏かつ豊饒であることによって、出来上がった感覚の垣根をまたぎ、複数感覚間に通底する部分にまで認知を及ぼすことができるというのだ。

付言しておかねばならないが、『共感覚と象徴派』の著者ヴィクトル・セガレンとは「エグゾティスム」の内面的な深化を意図した小説家セガレンその人である。彼は後年、妻への手紙でこの小冊子を「若気の過ち」と呼ぶ。さらに「エグゾティスムについてのエッセイ」には、音楽や絵画がそれぞれ固有のものを目指さねばならないとして、「共感覚に対立するもの。私の態度変更」との言葉があるという。異文化の「異」たるゆえんを追求しようとした後年の作家は、カテゴリー間の「同一化」から身を解き放っていったのであろうか。

しかし、いったん書かれたものはそのまま残る。著者の立場がどう変わろうとも、『共感覚と象徴派』の主張は私たちの目に正当でありつづける。のちに、安手な異国趣味とは無縁な地平で、ポリネシアのマオリ族から深甚な啓示を受けたというセガレンのうちには、共感覚への関心と一脈通じあうものが残存していたとも考えられるのである。

幼児体験として

人類の歴史から個人のそれへと眼を移すと、幼児期の重要さに気づかされる。ハリソンは「生まれて二、三ヶ月の時期には、後から思い出すことはできないけれども、誰もが皆、共感覚を持っている」と述べ、リン・ダフィーはダフニとチャールズ・マウラの『赤ちゃんには世界がどう見えるか』を引いて、「幼い乳児は自らの経験を五感に振り分けたりしないのだ」（『ねこは青、子ねこは黄緑』石田理恵訳）と語る。彼らは鼻を通してだけ匂いを感じるのではなく、匂いを聞きかつ見ているのだ。同じリン・ダフィーはまた、古く一八八三年に行なわれた調査の結果、五三人の児童のうち二一人が楽器の音には色がついていると打ち明けたことを伝えている。

実際、文学作品のなかでも、共感覚体験が豊かに語られるのはとりわけ登場人物の子ども時代においてである。中勘助の『銀の匙』では、主人公の男児が平仮名の「を」に女性の座った形を重ね合わせて深い慰藉を見出し、相手の字のほうでも自分の思いを察してくれたように思う。こんなのはやや共感覚とは言いにくいが、辻邦生の長編『樹の声 海の声』の冒頭部分では、幼い女主人公の驚くほど多彩な感覚のありようがこと細かに語られる。早朝の空気、調理場の匂い、遠くの物音。彼女には、それぞれが別種の感覚を誘い出す広大な世界なのだ。

そんな彼女のしなやかな感性をもってすれば、「ルソー」の名前ですら「黒い詰襟服の先生の厳めしい柔和さといったもの」を感じさせ、「ワグネル」という語の響きは「熱にうなされた長い暗い夜の、不安で、赤黒い、ぎらぎらした、断続する夢」を湛えるのだ。前章でも少しふれたが、プルーストが『スワン家の方へ』第三部で、土地の名をめぐって繰り広げる、あの有名な夢想をどうしても思い出す。子ども時代の豊かな感受性をもってすれば、人名も地名も無限の沃野に等しいのだ。

北杜夫の『幽霊 或る幼年と青春の物語』の出だしの部分も、『樹の声 海の声』とよく似た感性で書かれる。『マンゴーのいた部屋』のような児童文学もまた、子どもたちが登場人物であることによってリアリティを高めるだろう。

さらに、ケヴィン・ダンが真正な共感覚者と認めるナボコフの場合、自伝『記憶よ語れ』で共感覚体験が詳しく語られるのもまた、子ども時代においてである。

「英語のアルファベット（……）のaの字は、長い風雪に耐えた森の持つ黒々とした色をしているが、フランス語のaの字はつややかな黒檀の色を思わせる。（……）そしてフランス語のon（「人」の意）に出くわすたびに、小さなグラスになみなみと注がれ、表面張力でやっと持ちこたえている酒が目の前にちらついて、われながら狼狽する。（……）音と形の間には微妙な相互作用があるので、qはkにもう少し茶をまぜた色をしているし、sはcのようなライトブルーではなくて、ちょっと変った青貝色をしている」（大津栄一郎訳）

興味深いことに、息子の告白を聞かされた母はいっこうに動じるふうもなく、そんなことは私にもしょっちゅうあるのだと語る。共感覚は遺伝するとされる。しかも、共感覚者には左利きの人、音楽好きの人が多いといった俗説と違って、こちらは実証ずみの事実である。ただ共感覚はX染色体を通じて父親から娘へ遺伝するのがふつうであり、共感覚者に女性の占める比率が大きいのはこのためだといわれる。ナボコフのケースは珍しい部類に属することになる。

個体発生は系統発生を繰り返す。『赤ちゃんは世界をどう見るか』が明らかにするような共感覚的な知覚世界は、ようやく文明の光を浴び始めたころの人類に似通ったものを持つのであろう。シトーウィック（A）によれば、生後一ヶ月にも満たない赤ん坊が早くも感覚間の連合を体験するという驚くべき研究がある。まだ広い範囲で分化が進まず、大脳皮質の働きがごく貧弱な赤ん坊においては、さまざまな感覚領域間での一時的、しかし機能的な連携が生じやすいのだとシトーウィックは言う。

それにしても、幼年期にこれほど盛んであった共感覚は、なぜ年齢とともに失われるのであろうか。リン・ダフィーが引用するローレンス・マークスという研究者は、ほぼ私たちの予想どおりの解答をくだす。「おそらく、より柔軟性のある別の知覚様式（抽象的な言語など）がその代わりをつとめるようになるのだろう。子どもの成長とともに認知力も発達すれば、共感覚的にとらえた物事の意味を、言語に移し替えることが必要不可欠になってくるのだ」

子どもと共感覚とのかかわりについては、再び終章で創造力のテーマとからめて考えることにする。

共感覚表現の方向性

共感覚に関心を持つ人なら誰もが知っていることであるが、五感のあいだで一つの感覚が他の感覚に転移する場合、一定の方向性が認められる。

言語学者のウルマンが唱え、ウィリアムズに受け継がれた説がそれで、「転移は感覚中枢脳の下域から上域へ、あまり分化していない感覚から一層分化しているものへと上昇していく傾向があって、その逆ではない」（ウルマン『意味論』山口秀夫訳）というのだ。具体的には、転移は「触覚→味覚→嗅覚→視覚→聴覚」の順に進むのである。要するに、最も多く共感覚表現を呼び出すのは聴覚で、逆に最も頻繁に呼び出されるのは触覚だということになる。

確かに、「暖かな色」（触覚→視覚）や「甘い声」（味覚→聴覚）はふつうに成り立つが、「やかましい匂い」（聴覚→嗅覚）や「明るい硬さ」（視覚→触覚）となると不自然な感は否めない。つまりは、触覚や味覚のような皮膚に接した「低次」な感覚が、視覚や聴覚のような、知性に奉仕する「高次」な遠隔感覚を志向するということになる。

ウルマンの説はウィリアムズによって多少の補正を受け（彼は触覚のあとに熱覚を加えた）、日本でも竹内公誠のように、ボードレールによる多くの作例を精査してこれに微調整を加えようとした研究者もいる。竹内はまた別の論文で日本語についても調査を進め、英語、フランス語とほぼ同じ現象が日本語においてもみられることを明らかにした。ウルマンが示した傾向は、言語の違いや、詩的な表現と日常的な表現との違いを超えて、普遍的であり得るというのである。

むろんこのような感覚転移は、考えられるパターンを網羅したものにほかならない。現実には、いわゆる色調（聴覚→視覚）が最も頻繁に生じるという点で、研究者のあいだに異論がなく、味覚→視覚の転移（「赤い味」）はほとんど起こらないという。ハリソンによれば、これについては、匂ったり味わったりするものには通常色がついているので、共感覚で起こる色を覆い隠してしまうからであろう、との説があるという。

また、これらのパターンは全般的な傾向を示すものであって、むろん例外を認めないわけではない。とくに最近では、この方向性では説明のつかないケースに関心が集まっていると聞く。序章で『マンゴーのいた部屋』から引いた「ピンク色の四角をしたチョコレートの味」という表現（視覚→味覚）とか、三島由紀夫の用いた「呟く花」（聴覚→視覚）など、その効果は別にして、表現パターンとしては逸脱というほかはない。「グロッソラリー」ではないが、言葉によって言い表わせないものは何もない。他人の感性を逆撫でするような型をいかに説得的に用いるかに、使う人の手腕がかかっているのであろう。

いろいろ問題は残るにもせよ、共感覚表現のパターンについて一定の法則が提示され、大方の同意を得ているという事実は示唆するところが大きい。非・共感覚者によって行なわれる、自由なはずの共感覚の言語的表現が、その実、感覚作用の分化とか知性化の度合いとか、生理学的・脳科学的な事実に左右されているのだ。想像力が知らないうちに誘導され、共感覚表現のありようについて、まるで人間一般の脳にはあらかじめ刷り込みが行なわれているようにさえ思われるのである。

ウルマンの説でもう一つ興味を引くのは、触覚の役割である。感覚転移の出発点には触覚が位置するから、共感覚表現にあたって最も必要とされるは触覚だということになる。序章の冒頭でみた谷崎潤一郎の例（「羊羹状に固まった暗黒」触覚→視覚）でも、村上春樹の文（「固形菓子同様の匂い」触覚→嗅覚）でも、他感覚が触知可能な物体となることを語る。不定形なものが「硬さ」と「重さ」を具えたある実体と化することで、人は何ほどか安心感を得るのであろうか。

先ほど「発達段階から」の項目で詳しく調べたが、最も「低次」な感覚でありながら、あるいはそれゆえにこそ、触覚はすべての感覚の基礎とみなされることが多い。高村光太郎がエッセイ「触覚の世界」で高らかに触覚賛歌を展開し、「音楽が触覚の芸術であるのは今更いうまでもないであろう」とまで揚言するのは、彫刻家としての思い入れもあろう。だが最近の思想家に限っても、ミシェル・セールも（『五感』）、ミンコフスキーも（『精神のコスモロジーへ』）、先に言及したデュフレンヌも、触覚をもって知覚のいわば母とみなす点では一致する。中村雄二郎が論じる「共通感覚」の概念においても、すべての感覚の原点に立つのは広義の触覚（あるいは体性感覚）なのである。

「脳神経科医と7人の奇妙な患者」との副題を持つオリヴァー・サックスの『火星の人類学者』には、四五歳にして視力を回復した生まれつきの男性視覚障害者の、示唆に富んだ物語が語られている。全盲の人の場合、脳内での「触覚（それに聴覚）野が拡大して、ふつうなら視覚野になる部分にまで入りこんでいる」（吉田利子訳）と考えられている。彼の語彙も世界観も、もっぱら触覚中心に形成されていたから、いきなり視覚が与えられたところで、戸惑うしかない。彼には、すべてが「〈見えて〉いても〈見えない〉」のである。

興味のあった旋盤がどんなものかを彼が「見た」のは、じっと目を閉じ、熱心にそれに触ってからであった。彼は目を開いて叫ぶ。「さあ、触ったから、もう見えるよ」。皮肉なことに、二度目の決定的な盲目という形で彼には救いが与えられる。彼は再び、触覚の世界に安住の地を見出したのである。

ヴァージルという名のこの視覚障害者の物語から、私たちは視覚と触覚といった感覚同士での協働関係がどんなに緊密であるかを知る。と同時に、触覚の働きがどれほど大きいかを学ぶことができるだろう。イーフー・トゥアンは『感覚の世界』で、触覚が「世界の探索」に役立つ「最もだまされにくい」感覚であるゆえんを詳しく述べる。「そのためわれわれはこれを最も信頼する傾向がある」（阿部一訳）のだ。

前項で共感覚的人間としての子どもを問題にした。彼らがまた「触る」人でもあることをここに付け加えてもよいだろう。子ども、とりわけ年のいかない幼児は言葉によってではなく、何よりも手で触り、口に運ぶことで世界との交わりを開始する。視覚障害者ほどではなくても、子どももたちもかなりの部分、触覚に導かれて感覚生活を営んでいるのだ。[3]

共感覚体験の共有

共感覚とは自己申告に似て、きわめて主観的な体験だということは先にふれた。もともと感覚作用とは対象との、言語を介さない直接の接触であるうえ、一つの感覚が他の感覚イメージを誘い出すとなると、これはもう他人が口を挟む余地はごく少ない。

だがもしかして、そんな感覚転移にも、当事者と他人のあいだで、ある程度は共通の感性が働くということはないだろうか。

作曲家のリストが、ワーグナーの『ローエングリン』前奏曲から「虹色の雲に映し出された紺碧の波」を感じ取ったことは、ボードレールのエッセイ「リヒャルト・ワーグナーと〈タンホイザー〉のパリ公演」（一八六一）でわかる。約百年後の一九四九年、トーマス・マンもまた同じ曲の印象を「青と銀で輝く」と表現したという（インターネット百科事典『ウィキペディア』「ローエングリン」の項）。イ長調の調性は、青色を喚起するのであろうか。

どんな曲か、スクリャービンとリムスキー゠コルサコフが隣りあってニ長調の旋律を聴き、ともに黄色を感じたことが福島章の著書に書かれている（『不思議の国の宮沢賢治』）。さらに、北原白秋の詩句「ほの青きソロのピアノ」と、哀調をおびた音楽を英語で「ブルース」ということを重ね合わせて、ここに「民族と文化伝統の差異を超えた一致」を認める意見もある（松岡武『色彩とパーソナリティー』)。

これらは単なる偶然かもしれず、ハリソンとかシトーウィック(B)とか、神経科学者の立場は一様に否定的である。ハリソンは福島より詳しく、いくつもの曲について、スクリャービン、リムスキー＝コルサコフの二人が同じ調性にどんな色を感じたかを対比させるが、一致しないほうが遥かに多い。シトーウィックに至っては、共感覚相互の一致を期待するのは大きな誤りだとして、共感覚者の反応は個人に特有だ、とにべも無く言い切る。

これまで参照したことのある『マンゴーのいた部屋』には、共感覚同士がおたがいの反応に共鳴しあうところも、女主人公がカンディンスキーの絵を見て、自分が音を聴いたときのイメージにそっくりだと驚くところもある。この小説の著者はたぶん共感覚者だと察せられ、共感覚を研究する医者も作中に出る。だが畢竟、こんな児童文学のなかの事例ではあまり反論にならないかもしれない。

しかし、これまでの歴史のなかで、違った感覚のあいだでの対応に一定の法則性を見出す試みが、いくつか行なわれてきたこともまた事実である。

中村祥二の『香りの世界をさぐる』には、一八五五年、イギリスのS・ピースなる香料研究者が考案した「香階」が引用されている。四六種の天然香料を、自然音階にならって音階のように並べたものである。「ド」はローズ、「シ」はシナモン、「ラ」はトルー・バルサム、「ソ」はスイートピーといった具合である。また、次章でもう一度ふれるが、作曲家スクリャービンには、音楽と色彩との合体を企てた有名な交響曲「プロメテウス」がある。作曲家にして音楽評論家サバネーエフはその試みを論じたエッセイで、スクリャービンにとって、それぞれの音がどのように色を表わすかを示す。ハ音は「赤」、ト音は「オレンジ、バラ色」、ニ音は「黄」、イ音は「緑」……。

むろん、これらはあくまで実験あるいは試みである。当然、一般の人々にとって高い共有性を持つ場合も、そうでない場合もあるだろう。

とはいえ、音の与える聴覚イメージに限っていうなら、楽器や自然世界が発する多種多様な音響はともかく、言語化された人間の音声からは、大した無理もなく、ある程度の規則性を汲み出すことができる。

例えば、文化人類学者、川田順造の著書『聲』第三章の「音と意味」は、従来の多くの研究成果を踏まえつつ、人間の発する音声がどんなイメージで受け取られるかを仔細に検討して興味深い。モーリス・グラモンによれば、フランス語の［i］［e］のような前舌母音は「明るい母音」、［u］［o］など奥舌母音のうち、とりわけ［u］は「暗い母音」であって、一般的に「明るい母音は繊細なもの、小さいもの、軽いもの、愛らしいものを聴覚に対して描出する力があり、暗い母音はその逆なのである[4]」。

これ以上の詳細は同書に譲るが、聴覚と視覚の共感覚を追求した言語学者ヤコブソンが、音と色のシステムには著しい一致があると主張していることは付記しておかねばならない。川田の要約によれば、「一般に、［o］［u］は暗い色と、［e］［i］は明るい色と、それぞれ密接な結びつきをもつが、［a］はとくに赤と、［u］と［i］は最も変化に乏しい色と結びつく傾向を示すという」。ランボーの「A黒、E白、I赤、U緑、O青」と合致するところも、微妙に異なるところもある。

ダニエル・タメットの『ぼくには数字が風景に見える』でも、小ささと［i］の音の結合にふれた箇所がある。英語の little（小さな）や teeny（ちっぽけな）、フランス語の petit（小さな）……。川田によれば、これは早くにデンマークのイェスペルセンが提出した説であって、アフリカの言語にも当てはまるという。上村幸雄の調査のように、このことはむろん、日本語の「小さい」にも適合する。

エチアンブルはこのような関連づけを嫌い、フランス語の infini（「無限」）、imiter（「真似る」）、iniquité（「不公平」）のように、［i］の音を含みながらも「小ささ」の意味を持たない単語を列挙して反撃に出る。確かにプラトンの『クラテュロス』以来、名前が事物の本質を表わすかどうかはしばしば論議の対象になる。語形や発音と意味内容とのあいだを無理して関連づけようとする試みは、ともすればこじつけに類しやすい。しかし、例えば『音声分析序説』でヤコブソンほか二人が世界中のさまざまな言語に関する豊富なデータをもとに、精緻な議論を尽くして音声の特徴を捉えようとしているのをみると、この種の研究を一概に排斥するのも正しくないと思わざるを得ない。

色彩の世界に目を転じても、それぞれの色が人の心にどんなイメージを与えるかについては、周知のように多くの研究が積み重ねられ、それなりの賛同を得ている。「暖色」「寒色」などはすっかり日常語になっているし、青いカーテンをめぐらした部屋が涼しく感じられるといった体験は誰にもあるものだ。研究が進めば、感覚間の対応の範囲はさらに広がるかもしれない。

五感全体からみれば限られた範囲にすぎなくても、私たちの危惧を上回って、個々の共感覚体験が人々のあいだで共有され得るという事実を認めてもよいと思う。

日常生活にある感覚転移

作曲家のリストはオーケストラを指揮しながら、「そこはもうすこし青っぽく」と注文をつけたという。これでは面食らった楽員もいたかもしれない。だが、料理の味について「もうすこし丸く」なら、やたら言葉数を重ねるより、同じ厨房で働く者同士でかえって意のあるところが伝わるだろう。場面によっては、分析的な言葉遣いを用いるより共感覚に頼るほうが有効なのだ。

山口治彦が指摘したことだが（瀬戸賢一編『ことばは味を超える』）、共感覚表現は、見る、聞く、味わうといった人間誰しもが共通に持つ身体機能を基盤にして行なわれる。ふつうのコミュニケーションと違って、コンテクストがあらかじめ定まっているのだ。むろん、感じ方や表現の一般性あるいは適否などなど、阻害要因に事欠かないとしても、相互理解の可能性はむしろ、ある程度まで保証されていると言えるのではないだろうか。

共感覚表現の理解を支えるもう一つの要因として、「換喩」（意味の横すべり）に注目してはどうだろうか。しばしば挙げられる例でいうと、金管楽器の音は赤色との形容を受けることが多い。もしかしてここには、軍楽隊や吹奏楽団の人たちがよく着る制服の、派手な赤色が転移しているのかもしれない。

プルーストから例を出すと、『囚われの女』のなかに、真新しい建物の白い石壁が、暑い空気を引き裂くような鋭い声を上げているという描写がある。ジャン・ポミエが早く指摘したように(『マルセル・プルーストの神秘学』)、これは最近この石が切り出されたとき鋸《のこぎり》が発した音の移行と考えることができる。

このような共感覚表現は、「赤色の服→赤色の音」、「鋸の音→石壁の音」という具体的な共通性に導かれて成り立つ。物質を仲介とする分、主観性の度合いが低下し、表現が説得的になりやすいといえるだろう。共感覚表現全体からいえば換喩が関与するケースは限られているし、そこに換喩が働いているかどうかも、ときには解釈の余地が残るのだが。

メルロー=ポンティは『知覚の現象学』のなかで、「共感覚的知覚は通例なのであって、われわれがそれと気づかないのは、科学的知識が経験にとってかわっているから」(竹内芳郎ほか訳)だとの考察を示した。彼に言わせると、諸感覚が「知覚のなかでたがいに交流し合う」のは「二つの眼が視像のなかで協力する」のに等しい。「われわれには、はがねの弾性や灼熱したはがねの可延性、鉋《かんな》の刃の堅さ、鉋くずの柔らかさが見えるのである」

ポール・クローデルは『眼は聴く』で、オランダ絵画にある聴覚的要素を論じた。ジル・ドゥルーズのほうは『感覚の論理』において、画家フランシス・ベーコンの作品が発揮する触覚的な効果に焦点を当てた。

これまで、通時的・共時的ないくつかの観点で、共感覚な感性がいかに人間に内在するかを調べてきたあとでは、このような議論に接しても何ら驚くことはない。前述のように、共感覚者の感覚転移と非共感覚者のそれとを峻別したシトーウィック（B）でさえ、共感覚はきわめて基本的な哺乳類の属性であるとし、それが正常な脳のプロセスだと考える。ハリソンの意見においてもまた、人間のすべてが軽症の共感覚者であるから、生来の共感覚者とは量的な相違が残るだけだ、ということがあり得るのだ。

私たちがふだん自分で意識しないまま、事実上、共感覚的世界に生きていることは、エドワード・ホールの『かくれた次元』によっても証明されるだろう。第6章でもう一度取り上げるが、これは日常生活での空間意識や、おたがいの距離のとり方を調べたユニークな著作である。共感覚の語はおそらく一度も用いられないが、人間の空間行動がすべての感覚の入り混じった全体的な関与のもとで行なわれること、そしてそのシステムがそれぞれの文化によって異なることを説得的に語って興趣が尽きない。

第2章　聴くことの多様な広がり

私は実際に色彩を音楽に翻訳しようとするのです。一定の音の複合体や一定の響きは、私にとっては色彩の複合体と結ばれており、私は原因を意識しながらそれらを使っているのです。

（クロード・サミュエル／戸田邦雄訳『メシアン　その音楽的宇宙』）

音から色へ、色から音へ

前章で共感覚表現の方向性にふれて、五つの感覚のあいだでの転移は原則的に「触覚↓味覚↓嗅覚↓視覚↓聴覚」の順に進むのだという言語学者ウルマンの説を引用した。つまりは、最も多く共感覚表現に訴えるのは聴覚だということになる。

そのときにも述べたように、実際あらゆる共感覚のパターンのなかでいちばん頻繁なのは、音を聴いて他のどれかの感覚に結びつけるケースである。なかでも、現実にはいわゆる色聴、つまり音を耳にして何かの色彩あるいは視覚映像を思い浮かべる型が大多数を占める。ジョン・ハリソンは「色聴以外の共感覚はとても稀にしか起こらないようだ」とまで言った。

福永武彦は、中学生のころ初めてサン＝サーンスのピアノ協奏曲第四番に聴き入った感動を、「きらびやかなピアノは春の若葉からしたたる水滴のように透明で、せせらぎにひるがえる小鳥のように軽い」（「一枚のレコード」）と形容した。身をもって共感覚世界に生きた観のある宮沢賢治の童話『銀河鉄道の夜』では、森の中から聞こえてくる「何とも云えずきれいな音いろ」は、「そこらいちめん黄いろやうすい緑の明るい野原か敷物かがひろがり、またまっ白な蝋のような露が太陽の面を擦《かす》めて行くように」感じられる。

作中で作曲家ヴァントゥイユを創造したプルーストの小説には、登場人物がその作品に聴き入る場面が何回も出る。とりわけシャルル・スワンは彼のソナタで演じられる小楽節を心から愛し、それが曲のなかで「まるで山国の、不動だが目の眩むほど高い滝の後ろ、二百歩《ピエ》も下のところを散歩する豆粒ほどの女性」のように「絶え間ない、透明の長い音のカーテンに守られて、遠く、優美に」（『スワン家の方へ』）姿を現わすのに胸をときめかす。この間原文で約八行、ずいぶんと手の込んだ色聴表現ではある。

ボードレールは「リヒャルト・ワーグナーと〈タンホイザー〉のパリ公演」で、音楽には「絵画の場合や、すべての芸術のなかでも最も実証的なものである書かれた言葉の場合と同じように、聴く者の想像力によって補われるべき間隙がつねに存在するのだ」と述べた。

大森荘蔵は視覚と聴覚が連合しやすいのは、どちらも空間的だからだと語った（『音を視る、時を聴く』）。なるほど、長短や高低の概念なしに音について語るのは難しい。どんな曲であっても、そこから何かの空間あるいは情景を思い浮かべるのは、ほとんど避けがたい心の動きなのであろう。作曲家のほうでも、作品に「田園」「展覧会の絵」「亜麻色の髪の乙女」のような題名をつけて、聴く人の想像力を一定方向に誘導することも珍しくない。

宮沢賢治は俗に『月光』と呼ばれるベートーベンのピアノ曲について、今は月が雲のなかに隠れている、これは雲がだんだん切れかけて直角三角形に見えるところ、さあ月が雲から出て光が地上に走った、などと曲を目の当たりにするかのように傍らの人に解説して聞かせたという（板谷栄城『宮沢賢治 美しい幻想感覚の世界』[1]）。

色聴現象に比べると頻度は多少低いが、色彩から音響へと、感覚転移が逆方向に働く場合もある。ボードレールが「高らかに鳴り響く色彩たち」（「あまりに陽気な女に」）とうたったような場合である。

ゾラの長編『パリの胃袋』にある、パリの中央市場の野菜たちがそれぞれに色彩の歌声を響かせる場面は序章でみた。テオフィル・ゴーチエは初めてハシッシュを用いた幻覚体験を語って言う。「私の聴覚は異常に増大した。耳に色彩の音が聞こえていた。緑、赤、青、黄色の音が、完全に明確な波として私に届いていた」

ボードレールは「〈タンホイザー〉のパリ公演」で、ワーグナーの音楽が発する視覚的効果を熱っぼく語る一方、「一八四六年のサロン」では反対に絵画にある聴覚的な要素を力説する。色彩には、「和声《ハーモニー》」も「旋律《メロディー》」も「対位法」も見出されるというのだ。「和声は色彩理論の基礎である」。「旋律は色彩における統一である。（……）旋律は、個々の効果がこぞって効果の全般に寄与する一つの総体である」

ボードレールにおいては、作曲家ワーグナーの音が視覚を働かせ、逆に画家ドラクロワの色が聴覚に働きかける。二人の芸術家への関心がちょうど対称的になるのだ、とジャン・ポミエは論じた。「真に驚くべきことがあり得るとすればそれは、音が色を暗示することができず、色が一つの旋律の観念を与えることができない（……）ような場合であろう」（「〈タンホイザー〉のパリ公演」強調は原著者）と言い切るのがボードレールである。色と音との交流は、彼にとってごく自明な出来事にほかならなかったのである。

ワーグナーといえば、画家モネが晩年に描いた睡蓮の絵から『パルシファル』の音楽を聴き取った人もいる。江藤淳はパリのオランジュリー美術館で、その連作の異様に暗い画面に打たれて、「モネは光を追いつづけてこの闇に達した。（……）その闇がたしかにワーグナーの闇と和音を奏でている」（「モネの見た闇――睡蓮のなかのワグナー」）と書く。芸術家の精神は最も遠くへ飛ぼうとして、得てして自らの暗い内部に落ちていくというのである。

音と色を結ぶもの

ボードレールは、ハーモニーやメロディーの語を絵画にも用いようとした。音楽用語がそのまま絵画に使用される例は、ほかにもよくある。フランス語でいえば、トン（音調、色調）、ガム（音階、色階）、ムーヴマン（動き）、クロマティスム（半音階、彩色）、アコール（和音、色の調和）……。日本語なら、音色、声色。

音と色とのあいだは、どのようにつながるのか。アメリカの心理学者ケヴィン・ダンは共感覚を論じた著書のなかで、視覚的な明暗と音の高低とは連合するという研究結果を披露する。音のピッチが高ければ高いほど、明るい色が眼に浮かぶというのである。ということは、音から色を想像する人は共感覚そのものに動かされるというより、ある程度は一種の科学現象であるその「連合」に反応しているのだということにもなる。

同じ研究が、ジリン・スミスの『五感の科学』でも言及されている。著者はミネソタ大学の学生たちを対象とした実験で、ケヴィン・ダンとまったく同様の結論を得る。学生たちは一般に、男女を問わず「高い音（周波数四千ヘルツ）を白または桃色、中間の音（千ヘルツ）を青または緑、そして低い音（二百ヘルツ）を茶色または黒に」（中村真次訳）見ているというのである。

色ではないが、ヴィクトル・セガレンの著書に、音からどんな形態が連想されるかについての研究を紹介した箇所がある。概して、高い音からは鋭角の物体が、低い音からは鈍角あるいは曲がりくねった物体が喚起されやすいという。

色にしろ、形にしろ、高音ほど明るく鋭いものが、低音ほど暗く鈍いものが想像されると聞くと、人間の心理として確かにそうだろうな、という気がする。

音と色とのあいだにある程度の相関関係が成り立つとするなら、当然、これら二つを結合しようとする試みも生まれる。

ランボーの詩篇「母音」については前章で全文を引いた。映像の世界でいえば、ウォルト・ディズニーの映画『ファンタジア』（一九四〇）のような「色彩音楽」に類する試みは古い時代から行なわれてきた。音を「光の猿」と呼んで両者の対応関係を体系化しようとした十七世紀のイエズス会士アタナシウス・キルヒャーのことは、澁澤龍彦の興味深いエッセイ「A・キルヒャーと遊戯機械の発明」に詳しい。

キルヒャーが壮大な色聴世界を夢見ていたことは、ケヴィン・ダンに引用されたその著書の一文からでも察せられる。「もし立派な音楽会に際して、歌声や楽器の音によって生じる振動のために、その場の空気が攪拌されるのを目にすることができるとするなら、その空気が、最も活発して最も精妙にブレンドされた色彩の群れで満ち満ちているのに、私たちはきっと驚くだろう」

もう少し有名なところでは、ディドロが『ダランベールの夢』で言及する「視覚用クラヴサン」の考案者カステル神父もまた十八世紀のイエズス会士である。彼は一七三五年の著書で、濃淡さまざまのリボンを用いてクラヴサンが発する音を色で見せるという、聴覚障害者のための工夫を世に問うたのである。しかしこれはとうとう実現には至らず、一七三八年、音と色との隠された対応に挑むものとして賛意を表したヴォルテールも、後には彼の敵にまわる。ゲーテもまた、これには批判的であった。

現代では、一九一〇年発表のスクリャービン『交響曲第五番、プロメテウス』の名を逸することはできない。混声合唱団を交えた大編成のオーケストラが音を奏でる一方で、「色光ピアノ」の鍵盤操作によって色のついた光が放射されるという、これは色と音との本格的な交響である。実際の演奏ではふつう色彩の投影に「色光ピアノ」以外の装置が使用されるというが、趣向の珍しさからか、日本でも過去に少なくとも二回上演されたことがある。

シトーウィック（B）のように、こういった「色彩音楽」に批判もあることは付言しておく必要があるだろう。色と音とが互いに翻訳できるという考えが、すでに不自然だというのである。「視覚用クラヴサン」に否定的であったゲーテもまた、『色彩論』で色彩と音響との相関を論じて、「両者はともに（……）高次の公式から導き出され」「分離と統合、上昇と下降、明暗の交代という普遍的な法則にともに従う」ことを認めはする。だが具体的に「色彩と音響を比較することはじつはできない」（高橋義人ほか訳）とするのが彼の結論である。それは、水源こそ同じであっても、正反対の方向に流れる異質な二つの川を比べるのと同じだというのである。両者は向かう方向も、構成する要素もまったく異なるのだから。

この種の試みが成就するには、音と色とのあいだに一貫した照応がなければならない。だが、万人を首肯させるほどの規則性はなかなか見出しにくいのは事実であろう。音階は整然と出来上がっていても、それに対応する「色階」はなかなか成り立ちにくいのである。

音声の身体性

ロラン・バルトの『第三の意味』には「聴くこと」について詳しく論じた部分がある。声はその人の身体のイメージ、心理の全体を伝達する。言語が「声の〈きめ〉と呼び得るものを聞かせるまさにその空間、それは息ではない。喉という、音声の金属が硬化して、輪郭が形作られる場から現れる身体のあの物質性である」。「声に対する関係はすべて、必ず愛の関係になる」。「幻覚に捉えられるのが声の真実ではないか。声の空間全体は無限の空間ではないか」（沢崎浩平訳）

そして彼は、愛する歌手シャルル・パンゼラの声の持つ「きめ」について、母音の純粋さや、［a］の音の率直で壊れやすい美しさ、さらには「鼻音のきめ。ちょっとざらざらして、辛味のきいたような声」を惚れぼれと列挙するのである。

たとえ電話を通してであっても、私たちが相手の声から、その人の姿も、肌ざわりも、ときには匂いまで感じ取るのは事実である。私たちはそのとき、知らず知らず「多元的決定」を行なっているのであろう。

『失われた時を求めて』の主人公は、恋人アルベルチーヌの声が「とても肉感的でとても甘やかだから、彼女が話すのを聞くだけで抱擁されているようだ」（『ゲルマントの方』）と感じる。夏目漱石の『道草』で主人公健三は、かつての養父島田の「険悪な眼と怒に顫《ふる》える唇」を見、「咽喉《のど》から渦捲く烟《けむり》のように洩れ出るその憤りの声」を聞く。視覚ばかりか、味覚・触覚・嗅覚のいずれにも結びつくのが、人の声としてむしろ自然なのだと言わねばならない。

これまでにも二回参照した大森荘蔵・坂本龍一の対談には、坂本がしきりに「くすぐる」音について語り、大森が「結局私は手や足を動かして人に接触するのと同じように、私は声を振り回して人に触れるわけですね」と応じる場面がある。『かくれた次元』でも、著者エドワード・ホールは川端康成の『雪国』を例に、日本人の感覚様相の濃やかさに心を打たれる。主人公島村の遠まわしな暗示を含んだ言葉が、芸者駒子の「身体をだんだん染めていく」情景である。彼女がむっとしてうなだれると、襟をすかしているから「背中の赤くなっていくのまで見え、生々しく濡れた裸を剥き出したよう」にさえ映るのだ。

念頭に浮かぶいくつもの同種の例のなかでも、序章の終りのほうで引いた女性同士のダンスの場面は、音声の身体性がどれほどの規模に至るかを語る、またとない好例であろう。プルーストの『ソドムとゴモラ』の中ほどにあるこの挿話では、一人の女の高笑いを起点として五感のすべてが濃厚に呼び覚まされるのであった。

これほど重層的かつ多様な感覚協働の背景に、彼女に対する主人公の執拗な関心があるのは言うまでもない。彼女への愛と、その愛と比例する強烈な嫉妬が感覚のことごとくを発動させる。そして眼前の情景はまがまがしい幻覚に姿を変えて、身体の内奥にまで及ぶのだ。もう一度、ロラン・バルトを繰り返すなら、「声に対する関係はすべて、必ず愛の関係になる」。「幻覚に捉えられるのが声の真実ではないか。声の空間全体は無限の空間ではないか」

同じ著書のなかでロラン・バルトは、長い歴史のなかで、人間の声には「聖なるものと秘められたもの」を伝えるべき、宗教的かつ解読的な意味が託されてきたことを語る。声の担うそんな重く切迫した役割からすれば、「私のいうことを聴いてください」は「私に触れてください」と同義である。人の声は物体に等しい衝迫力を持つことができるのだ。

宗教的なものがすっかり影を薄めた今になっても、人の声が物質のように私に「触れる」ことは、むろん頻繁に起こる。そして、誰もが経験するように、人間関係がギクシャクすることの多い現代では、物質となった他人の声はかなりの場合、心に重苦しく沈殿するだろう。「村長の苛立った重い声はぶんぶんいう羽虫のざわめきのように降りそそいで、僕等の垢にまみれた躰の上にたまり、かすかな水音とからみあった」（大江健三郎『芽むしり仔撃ち』）

人の声がしばしば物質性をおびて触覚を通して知覚されることはむろん、拡大して音楽にも、日常生活でのもろもろの音源にも当てはまる。ドビュッシーの曲からは鮮やかな色彩ばかりか、ときとして一つ一つの音の響きにまで匂いや肌ざわりが感じられる。ロックの強烈なリズムが身体を突き刺したり、隣家のテレビの音が耳朶にねばりついた経験は誰にもある。彫刻家の高村光太郎は、かつてイタリアのある寺院で聴いた大オルガンの音を「足の裏から聞いた」と感じた。「その音は全身を下の方から貫いて来て、腹部のどこかで共鳴音を造りながら私の心に届いたようにおぼえている」(『触覚の世界』)

村上春樹がロンドンでバッハの「マニフィカート」の素晴らしい演奏を聴いたときの、感動の言葉も引いておこう。この作家らしい、ずいぶんと気の利いた表現である。「細部まで隅々がとても綺麗に掃除されているいかにも品の良いバッハだ。爪も切ってもらったし、耳も掃除してもらったし、髪も洗ってもらったしという感じ」(『遠い太鼓』)

癒しの音楽、忌むべき音楽

心身の両面に及んで、音楽がどれほど治療的な効果を持つかは、早い時期からよく知られていた。古代ギリシアのピュタゴラスは、彼を頼る信奉者の身体状況に応じて歌やリズムを使い分けたという。彼は人間もまた音楽の一種だと考えていたといわれる。同種の存在のあいだで深い感応が存在しないわけはないのだ。旧約聖書のサムエル記上にも、ダビデが竪琴を奏でるとサウル王の気分がよくなり、悪霊が彼のもとを離れたと書かれている。

ゴンサレス＝クルッシが『五つの感覚』で述べるところでは、十七世紀のスペイン王フェリペ五世は、一人のオペラ歌手を常時身辺に雇っていたという。彼の歌うアリアを聴けば、確実に自分の「うつ」状態が治癒するからであった。

今日では、音楽療法が代替医療としてすっかり定着し、音楽療法士という資格まである。宮沢賢治の童話では、ゴーシュの弾くセロのおかげでウサギやタヌキの病気が治ったと知って、動物たちが次々と彼のもとを訪れる。人間に置き換えれば、今日よくある風景である。

しかし、薬はしばしば反転して毒としても働く。同じゴンサレス＝クルッシによれば、一九八六年夏、ロサンゼルス近郊の海岸で行なわれたポピュラー・コンサートでは激しい混乱の結果、観衆のざっと三〇〇人が狂乱状態に陥って、四五人が怪我をし男性一人が刃物で刺された。「ヘビーメタル」「パンク」「ラップ」など強烈な音の攻撃に、彼らは耐えられる限界を超えたのであった。

松本清張の有名な小説『砂の器』では、可聴限界を超える極端に周波数の高い音を聞かせたことが犯人特定の有力な手がかりになる。この小説の最後で縷々説明されるように、最大可聴価より強い音を耳にすると、音以外に、むずがゆいとか痛いとかの、別の感覚が生じるのである。

言葉も論理も理性も介さずに、直接人間の深部に浸透するのが音楽である。ときには、良識の仮面を剥ぎ取って、人々を原始の昔に引き戻しもする。音楽が活力を与え気分を晴れやかにする一方で、人を死に導く力さえ持ったとしてもおかしくない。音楽がよく麻酔剤に喩えられるのに無理はないのだ。

音楽を称える言説と並んで、これを憂える意見もまた昔からある。プラトンは『国家』で、望ましい国家のあり方として「柔弱な調べ」や「弛緩した」曲を放逐しようとした。「女たちにとってさえ、すぐれた人間であるべきなら、そうした調べは無用のものだし、まして男子にとっては、いうまでもない」（藤沢令夫訳）というのが彼の主張である。

十九世紀の後半以降、音楽が性衝動を刺激し、昔ふうの言葉でいえば「劣情を挑発」する具体例としては、やはりワーグナーに指を屈するのが順当であろう。大岡昇平は「ワグナーを聞かざる辯」で彼の「ねばりっこい音色、無限旋律に一種の音楽的快感」を覚えつつも、これを「性交音楽」と断じて憚らない。青柳いづみこは「ワーグナーと倒錯のエロス」で絵画と文学の両面に及んで、ワーグナーの及ぼす魔力、媚薬としてのワーグナーを幅広く語る。

彼女も言及するように、端的にはエレミール・ブールジュの長編『神々の黄昏』（一八八四）とトーマス・マンの短篇「ヴェルズンゲンの血」（一九二一）の二作品によって、その音楽がどれほど妖しい力で人を絡め取るかがわかるだろう。二つは互いに似通った禁断の愛の物語であって、前者では異母兄妹、後者では双子の兄妹が、ワーグナーの楽曲に接して激しく心を揺すぶられる。彼ら二組の男女も、それに押しやられるようにして決定的な関係に陥るのだ。

「ワーグナーの音楽が、何らかの性的興奮を誘発するというのは、確かなことのようだ」というのが青柳の結論である。

どこの国でも音楽が宗教儀礼と結びついて発達してきたのは周知の事実であり、絶対者と交わる道は多くの場合、音楽によって開かれる。音楽を礼讃する言説が、得てして宗教の側から発せられるのも不思議ではない。

「たった一つの和音でも、ときとして私たち自身のある部分と、神とのあいだの照応を回復させてくれる」(一九五九年一月二六日)。「先日、音楽を聴きながら、もう一つの世界がごく近くにあるという甘美な印象を抱いた」(一九三五年一二月二〇日)。終生、異色あるカトリック信者でありつづけたジュリアン・グリーンの『日記』にも、この種の言葉が頻繁に出る。

しかし、音楽が神との交わりを可能にするとすれば、そのことは逆転して、音楽が悪魔に乗じられる危険をも意味する。同じ『日記』から別の一節を引き合いに出せば、「音楽は悪魔にとって大きな援けである。美しい声は立派に彼の役に立つ」(一九五六年一〇月一三日)。熱烈なカトリック信仰で鳴るレオン・ブロワの『貧しき女』には、「音楽が教会によって祝福されぬとき、それは悪魔の住む悪い水のようなものだ」(水波純子訳)というきっぱりした断定がある。グリーンの場合でいえば、音楽の悪魔的な働きはチャイコフスキーによってなされるのだが。

音楽を聴くことにせよ、神を信じることにせよ、心の最深部に食い込む行為には逆方向へ向かう可能性がいつも宿る。邪悪と聖性とはときとして区別しにくい。神が愛を説くとしても、悪魔だってときとして愛への道を示唆する。悪魔から神へ向かう道もけっして存在しないのではないのだ。

ワーグナーについても、高度に神聖なものと「悪魔的な」妖しさとの交錯が、その音楽の特徴だといわれる。彼の周囲に熱烈な愛好者が群がる反面、トルストイや、今その一文を引いたレオン・ブロワのように彼を徹底して嫌う人たちがいるのも理由のないことではない。周知のように、久しくワーグナーに傾倒していたニーチェは、のちに「この老魔術師」とたもとを分かつことになる。

サイケデリックな画家として知られる横尾忠則は、ニューヨークで初めてLSDを用いたとき、突如耳にワーグナーの音楽が鳴り響いたと書く（「死と救済のイメージ」）。禁止薬物によって呼び出されたのがほかならずワーグナーであるのも、いかにもこの作曲家らしいと言わねばならない。

リズムについて

メロディー、リズム、ハーモニーという音楽を構成する三要素のうち、最も重要なのは何であろうか。

中村雄二郎は対談集『複雑性としての身体』で「音楽がいろいろな芸術ジャンルの中で、特に私たちを感動させるのはなぜか」との問いを提起し、端的に「それはリズムがあるからだ」と答える。「音楽が私たちを根底から突き動かすのは、音楽が知的・精神的なものではなく、躍動的なリズムによって、強く身体に働き掛けてくるから」なのだ。

音楽を身体現象として位置づけるのは『共通感覚論』の著者にふさわしいが、先ほどから参照しているロラン・バルトの『第三の意味』はもっと進んで、「リズムを意図的に繰り返すこと」が人類の出発点を印すのだと考える。それこそが「文字が発明されるずっと以前に、さらには、洞窟画が描かれるずっと以前に、おそらく根本的に人間と動物とを区別する何事か」なのだ。「人間の作業の特徴は、まさに、長く繰り返されるリズミカルな衝撃音なのである」。旧石器時代のいくつかの洞窟の壁に、リズミカルな刻み目を見出すことができるという。前人類的生物が初期の人類へと移行するのは、ほかならずリズムによってなのだ。

また『チベットのモーツァルト』所収の「極楽論」で中沢新一が述べるところでは、「極楽浄土にはおびただしい種類の自然発生性の音楽とでも言うべきものがみちていて」、「そのおおくが〈打つ音〉である」。「極楽浄土の全空間は静寂をかすかに〈打ち〉、かすかに擦っていく微妙な音の変化にみたされているわけである」

リズムを刻む音は、人間がそこから来た始原とも、そこへ回帰すべきあの世とも、無関係ではないのである。

おそらくは、音楽の奏でるリズムには、原始的な「叩く」音とあいまって、人間を魅惑し、彼を日常と現在の外側へ誘い出す何かが宿っているのであろう。そしてその何かが、まるで幼時に戻ったかのように、人を慰撫し、励ましもするのであろう。ボードレールが「『悪の華』序文草稿」の一節で、韻を踏むことともに「リズムが、人間のうちにある単調さと均整と驚きに対する、不滅の欲求に答えるもの」だとみなしているのを思い出す。

確かに、一方では人間は単調な反復にゆったりと身を任せることを愛し、もう一方では整然とした規則性に憧れる。そしてまたリズムは、繰り返しの緩急、音の高低や音色の変化など、驚きの要素にも事欠かないのだ。

ロラン・バルトはエッセイ「シューマンの〈クライスレリアーナ〉」でも「打つ音」について論じ

る。「打つ音の悦楽的な反復。これこそが、繰り返し歌われる歌の起源であろう」と書いたあと、彼はこれが「心の状態にではなく、身体の微妙な動きに、あの差異のある体感全体に（……）結びついている」（岸本浩訳）のだと続ける。

中村雄二郎がリズムの重要性を説くのは、「リズム体である音楽が、やはりリズム体である人間に深く共振を起こすから」であった。心臓の動悸と呼吸作用によって生命が維持されるのだから、確かに人間はリズム体である。さらに、人間の身体にはハーモニーの要素も十分に具わっているから、ピュタゴラスが人間を音楽の一種と考えたのも理由のないことではない[2]。

村上春樹の『神の子どもたちはみな踊る』には、音楽に合わせて無心に身体を動かすことで「自分の身体の中にある自然な律動が、世界の基本的な律動と連帯し呼応しているのだというたしかな実感」を抱く青年が出る。「潮の満干や、野原を舞う風や、星の運行や、そういうものは決して自分と無縁のところでおこなわれているわけではないのだ」と彼は納得がいく。

ここまで来ると私たちは、リズムというそれ自体単純な現象が、音の身体性から発して、まさしく形而上的な意味をおびることを知るのである。

遠感覚と近感覚

人間の持つ五つの感覚はよく、「遠感覚」（視覚・聴覚）と「近感覚」（味覚・嗅覚・触覚）に分類される。両者の区別はふつう、知覚対象と感覚器官との距離が遠いか近いか、いいかえれば、そうした対象物の察知が遠くから迅速に行なわれるかどうかにもとづく。

しかし、リズムという一点だけからみても、音楽がまさしく聴覚の芸術でありながら、どれほどまで深く触覚と身体に根を下ろしているかに気づかされる。まるで、聴覚もまた「近」感覚の一つであるかのように。

機能のうえで対照的であっても、想像力に促されて働き、もっぱら対象との密着を希求する点では、「遠感覚」も「近感覚」と何ら選ぶところがない。視覚や聴覚もまた、対象から隔てられたもどかしさのなかで、対象を自分のうちに取り込もうと焦る。むしろ身体性の乏しい「遠感覚」であればこそ、身体は懸命に身を乗り出すのだ。

まだしも聴覚には多少は病気を治したり、人を傷つけるような働きができても、ふつう視覚には不可能である。現実に不可能である分、対象との密着の夢は想像世界でどんどん膨らむ。「もし視線が受胎させることができるとするなら、なんと多くの子供ができることだろう！　もし視線が人を殺すことができるとすれば、なんと多くの死者が出ることだろう！」とはヴァレリーの有名な警句である。

ジャン・スタロバンスキーはこの言葉を引用したあとで、「われわれの眼差しのひとつひとつに、掴もうとか、裸にしようとか、石化しようとか、浸透しようとかする魔術的な下心が、（……）決して挫かれることなく伴っている」（大浜甫訳『活きた眼』）と述べる。彼によれば、「すべての感覚のうちで、視覚はいちばんはっきり焦燥感に支配されている感覚である」。

昔から世界の各地にある「邪視」あるいは「魔眼」の説話は、まさしくこうした「魔術的な下心」に呼応するものであろう。視線を投げるだけで周囲の人間に（ときには動植物にまで）危害を及ぼすという、この種の出来事については南方熊楠がいくつもの論文で扱い、鶴見和子がその意義を論じた（『南方熊楠』）。澁澤龍彦の『東西不思議物語』にも「迷信家と邪視のこと」の一章がある。

小説の世界でなら、テオフィル・ゴーチエの『魔眼』（原語は「呪いの目」を意味するイタリア語「イエッタトゥーラ」）は、不幸にしてこんな眼差しを持って生まれた真面目な青年の悲劇である。自分の責任でもないのに、彼は人から忌み嫌われ、決闘沙汰に及び、果ては自分に終始忠実だった女性を死に追いやる結果になってしまう。彼自身も最期、海に身を投げるほかは無くなるのだ。

ギリシア神話には、ゴルゴンやメドゥサのような恐ろしい眼をした怪物が出る。南方の研究では邪視を恐れる風習は、広くヨーロッパや中近東に広がっているという。人を射抜くような眼の力は、この上なく不気味なのであろう。あるいは人間関係において、人の視線を浴びること自体がすでに災いと意識されやすいのであろうか。サルトルの劇『出口なし』が教えるように。

よく知られているように、フロイトは長大な論文「文化への不満」で「人間が悲惨になる原因の多くは、いわゆる文化にある」（中山元訳）という主張について論じる。いくつかその根拠を挙げたあとで、彼はそもそも人類が直立歩行を始めたことが、悲惨としての文化の出発点にあるのではないかと考える。頭部が地面を離れることによって嗅覚の持つ意味が低下し、代わって視覚刺激が優位を占めるようになる。そこから、性器の露出と羞恥心の発生、「さらには性的な興奮の持続、家族の形成という一連のプロセスが連鎖のように接続し、こうして人間の文化が発生するための閾《しきい》がまたぎ越されることになった」というのである。

嗅覚のような近感覚から、視覚中心の遠感覚へ。感覚作用の力点の移動は、確かに人類史的規模の出来事なのであろう。だが、いくら遠感覚が力を増して人間が社会性をおび、その文化が異常なほどの発展を遂げようとも、人間にとって近感覚から脱却することはとうてい不可能である。さらに言い進めるなら、感覚作用に関して遠近の区別はあまり意味を持たない。私たちはむしろ、いわゆる遠感覚にどれほど多くの近感覚的な願望がこもっているか顧みるべきであろう。

当然ながら、感覚作用から想像力を切り離すことはできず、想像力を通過すれば遠近も大小も逆転して映じる。遠くにあるもののほうがより近くに、より大きく意識されるのはやむを得ぬ成り行きなのである。

味覚、嗅覚および音楽

共感覚表現を最も頻繁に呼び出すのは聴覚だとみなすところから、本章を書き起こした。今度は逆に、他の感覚が聴覚を目指す動きにも注意を向けておこう。このケースもけっして少なくない。

色彩のような視覚イメージが聴覚と結びあう場合は、すでにふれた。触覚についていえば、「高鳴る感触」のような、触覚が聴覚を喚起する表現はどうしても不自然に感じられ、実際にはほとんど行なわれない。あらゆるパターンの共感覚表現がふんだんに出るプルーストの小説に、主人公が恋人アルベルチーヌの手の感触を確かめながら、彼女の声を思い浮かべる場面があることはある（『花咲く乙女たちのかげに』）。しかしここでは、声と感触が並列されているのにすぎず、両者が感覚レベルで合体するのではない。

残る二つ、味覚や嗅覚が「聴くこと」を呼び起こす例は、気をつけていると文学作品でもときどきみかける。谷崎潤一郎は日本古来の薄暗い部屋で料理を味わう興趣を、「闇にまたたく蝋燭の灯と漆の器とが合奏する無言の音楽」（『陰翳礼讃』）と称した。松浦寿輝の『半島』には、手の込んだヴェトナム料理の「様々な香草や香辛料の喚起する豪奢な色彩感が衝突し合い、互いを増幅し合い、強調し合い、かと思うと互いを宥めすかし、和らげる」そんな「味覚の交響楽」について語った一節がある。

序章で少し述べたが、ゾラは『パリの胃袋』で多種多様なチーズが入り混じって発する強烈な匂いを、やはり歌声と楽器の合奏として描写した。カンタルやチェスターは「低音の幅広い歌声」に、ヌーシャテルやトロワは「スタッカートの音に」似るといった具合である。アンドレ・クーロワは、この匂いのシンフォニーがワーグナー的な感覚の転移にごく近いと論じる（『ワーグナーとロマン主義の精神』）。ゾラの音楽センスは、ワーグナーの理論と合致するところが多いというのだ。

こんな場合、楽曲との重ね合わせは、音楽にある「ハーモニー」の要素を共通部分として行なわれる。本来、茫漠として捉えどころがなく、内部に多くを含有できる味覚と嗅覚は、音楽と相性がよいのであろう。『楽しみと日々』（一八九六）と同時期に書かれたプルーストの小品「思い出」では、語り手は部屋いっぱいにみなぎる強烈な香水の匂いを、数台のオルガンから出るかと思える「聴力が奪われる」ほどの「轟音」と感じる。

かといって匂いと味が、個々の音の強弱や高低、あるいは音色と結合しないのではない。ユイスマンスの小説『さかしま』では、主人公が「口中オルガン」を思いつく。ボリズ・ヴィアンの『日々の泡』においては、これとほぼ同工異曲の「カクテルピアノ」が作り出される。どちらも、一定の酒と何かの音とのあいだに対応関係が成り立つことを前提とする。

『さかしま』のデ・ゼッサントが大真面目なのに反して、水道管にウナギが走り、ケーキのなかから書籍が出てくるのが『日々の泡』の世界である。「カクテルピアノ」も、むしろ本気にされないのを承知のうえで考案されたのであろう。

中村祥二の『香りの世界をさぐる』に収録された、S・ピースの「香階」理論については第1章で言及した。著者の中村はじかにピースの著書に当たり、最善の努力を尽くしてこの本に記載された香料を集めたという。「なるほどよく考えた香階である」というのが彼の検証の感想である。ピースの本に記載された例、和音、ドミソ、ドファラもまた「香気的にも調和がとれている」と彼は結論をくだす。

中村の著書にも書かれているが、香料関係者が用いる「香調《ノート》」とは、もともと音楽用語である。楽器の音も、音符も、曲調や旋律までも意味する。香料の専門家のあいだでは、スパイシー・ノート、アニマル・ノートなどというと、どんな香りか、おたがいに理解しあえるのである。

味覚と音楽との対比は、どうしても恣意的な部分が大きい。それに反して、匂いと音を対応させることには、ある程度の客観性が成り立つようである。

音のない音楽

付言しなければならないが、強固な建築物もまた、しばしば音楽のイメージでみられる。同じ視覚の対象であっても、こちらは必ずしも色彩が問題ではなく、繊細な感性に加えて、入念な知的作業の成果である。例えば、奈良西郊の薬師寺の東塔はよく「凍れる音楽」の名で呼ばれる。

今でもガイドブックなどに、これがフェノロサの言葉だと書かれているのは信憑性が乏しい。町田甲一の考証のように（『大和古寺巡歴』）、おそらくはエッカーマンの『ゲーテとの対話』（一八二九年三月二三日）にある「硬直した音楽」という表現がもとにあり、いつのころか表現を少し変えてこの塔に用いられたのであろう。

同様の言い回しは、ゲーテより数十年早くシェリングの『芸術の哲学』にも、さらに数百年前、古代ローマのウィトルーウィウスの著作にも見出されるという。ウィトルーウィウスとは、のちにルネサンス期の建築術に強い影響を与えたとされる高名な建築家である。建築と静止した音楽との同一視は、ずいぶんと昔に遡るのだ。

実際、語り古された感想ではあるが、薬師寺の東塔を前にして、私たちは何よりも豊かなリズム感を味わう。これは三重塔でありながら、各層の下に浅い裳階《もこし》が加わって六重の塔の外観を呈する。このことで、本屋根の深い軒と裳階の浅い軒との繰り返しがいかにも強弱のリズムを刻むように感じられる。そして、上へ行くほど小さくなるそのリズムは、最上部の水煙に至って静かに空に消えるのだ。

本当に、リズムとは音響の問題であるとともに、視覚表象の特性でもある。心地よい律動に促されて、私たちはこの塔の清楚な均整感、衆生を従えて天空に舞い上がるのに似た軽やかさに感じ入るのだ。

建築物ばかりか、その上に開ける広大な天球が音楽として知覚されることもまた、それほど珍しくない。全宇宙は一個のオーケストラだと考えたのは、周知のようにピュタゴラスの一派である。彼らによると、天体はすべて円軌道をなし、天体間の距離や速度の数学的調和によって耳に聞こえない和音を奏でているのだ。

いかに背理に思えようとも、世界は楽音を発しているとの感じ方は少しずつ形を変えて、その後も脈々と受け継がれる。文学作品だけを列挙すれば、シェイクスピアの『ヴェニスの商人』第五幕のロレンゾーの台詞、ゲーテ『ファウスト』のプロローグ、さらにのちボードレールの詩篇「腐った屍骸」の第七節……。

日本においてなら、宮沢賢治。板谷栄城によれば、彼は「天ではいつも妙なる楽の音が鳴り響いていると、心の底から信じていた」(『宮沢賢治の見た心象』)。このことを物語る作品はいくつもあるが、童話『シグナルとシグナレス』では、電信柱でもある二人の男女が深夜、満天の星を仰ぎ見て「ピタゴラス派の天球運行の諧音」を聴き取る。「夢の水車の軋《きし》りのような音」である。『ヴェニスの商人』(小田島雄志訳)の一節を引用しよう。

おすわり、ジェシカ、どうだ、この夜空は!
まるで床一面に黄金の小皿を散りばめたようだ。
きみの目に映るどんな小さな星屑も、みんな
天をめぐりながら、天使のように歌を歌っているのだ、
あどけない瞳の天童たちに声を合わせてな。
不滅の魂はつねにそのような音楽を奏でている、
ただ、いずれは塵と朽ちはてる肉体がわれわれを
くるんでいるあいだは、それが聞こえないのだ。

ピュタゴラスの所説についてアリストテレスは、天界の音楽は耳もとで実際に鳴っているのに、私たちは誕生以来それに慣れきってしまい、もう静寂と区別がつかないのだと説明したという(ジェイ

ミー・ジェイムズ『天球の音楽』）。現代でも、最新の電波望遠鏡をもってすれば、宇宙の深部で種々の音がざわめくのが察知できるとされる（ベーレント『世界は音』）。

しかし、世界が音を発するという言説を、何も文字どおりに受け取るには及ばないだろう。沈黙したものがしきりに何かを訴える姿から、音声が感じられておかしくない。リズムは視覚化されて均整のイメージを与える。逆に、何かが音を立てていると「見える」ことは、容易にそのように「聞こえる」ことにつながる。視覚と聴覚は手を結びやすい。

天空の立てる音に聴き入るとは、その整然たる秩序に心を打たれることと等価であろう。満天の星が一糸乱れぬ運行を繰り返すという全宇宙的な神秘の前では、視像が音響に変わるなど何ほどの驚異でもないのである。

もともと、沈黙は虚無としてより、何かを内に含んだ強固にして充実した実体として理解されなければならない。作曲家の武満徹は、廃墟の風景の「充分な静寂をまえにして、耐えられるまで沈黙とむかい合う気になった」と語る。「私たちの生きている世界には沈黙と無限の音がある」。彼は、「沈黙と測りあえるほど」強い音を自分のものにしたいと願うのだ（『音、沈黙と測りあえるほどに』）。

音楽、茫漠として堅固

ピュタゴラスは天文学を調和の学問とみなす一方、音同士が美しく響きあう関係に数学を見出しもした。西洋の言語では、天体の「調和《ハルモニア》」はそのまま「天体の音楽」を意味する。数学と音楽との対応関係の発見こそ、彼の最大の業績であったといわれる。もろもろの天体が美しく調和的に、一定の法則にもとづいて進んでいく有様は、まさに音楽にしてかつ数学なのであった。[3]

『悪魔の霊薬』で有名な小説家ホフマンは音楽家としても活躍し、エッセイ『クライスレリアーナ』(一八一四)で音楽への溢れる思いを吐露した。[4] ホフマンによれば、音楽の本質は「無限」にある。「音楽の力はまるで賢者の霊液のような効果を発揮し(……)、歌われているのがたとえこの世の感情であっても、それは私たちをこの世から拉致し無限の王国へ連れていくのである」(伊狩裕訳)

しかし、むしろ人間に無限の王国を開示し、彼方への夢を掻き立てる、そんなロマンチックな働きが数学的な硬さに裏づけられているところにこそ、音楽の音楽らしさを認めなければならない。夢のように形をなさず、気体のように消えていくばかりが音楽ではない。ちょうど薬師寺の東塔のように、繊細な美意識のもとに行なわれる、緻密な計算と堅固な構築もまた音楽の属性なのだ。

ライプニッツは私たちが音楽から受ける喜びは、無意識的だが、数を数えるところから来ているとみなしたという。「音楽とは無意識的な算術にほかならない」のだ。村上春樹『1Q84』の主人公天吾は、バッハの「平均率クラヴィーア曲集」は「数学者にとって、まさに天上の音楽である」と述べる。彼が少し前のところで数学への傾倒の思いを吐露して、数学によってこそ「現実というやっかいな檻を抜け出すこと」が可能となり、日常の外側に「整合性の領域」が生み出され「壮麗な架空の建物」が立ち上がるのだと考えているのを、思い合わせるべきであろう。彼にとって音楽とは、美しさが正確さや均整や論理性と矛盾しない、数学にも似た世界なのである。

ここへ来て私たちは、他の諸感覚が音楽を志向する動機の一つに、何かの堅固さあるいは規則性への希求があることに気づく。これまでにみたイギリスのS・ピースの「香階」はもちろんとして、ユイスマンスの「口中オルガン」、ボリス・ヴィアンの「カクテルピアノ」。作者の意図は別として、これらの発想が示唆するのは基本的に、茫漠として捉えがたい味覚と嗅覚の世界にも、音楽に匹敵する均整と秩序をもたらす願いであろう。

味覚であれ嗅覚であれ、芸術への可能性はつねに宿る。そして、少しでも芸術を志向するうえで理想的なモデルとなるのは、やはり豊かな広がりと数学的な堅固さを兼ね備えた音楽のほかにはないのだ。

ウォルター・ペイターの有名な言葉のとおり、本当に「あらゆる芸術はつねに音楽の状態にあこがれる」のである。

第3章　夢想と幻覚

夢の中よりもむしろ眠りに先立つ朦朧とした状態において、とりわけ音楽をたっぷり聞いたあとではそうなのだが、私は色と音と香りの一致を感じる。

（ホフマン／伊狩裕訳『クライスレリアーナ』）

幻想としての共感覚

私たちは序章で、芭蕉の作品を引きながら異種感覚の結合には夢まぼろしに似た特質が伴うことをみた。そのとき調べた三句に加えて、『野ざらし紀行』にある次の句もまた、読む人を誘ってしばし夢見心地に浸らせる力を持つだろう。

海暮れて鴨の声ほのかに白し

この句については、声の白さは海面の波頭あるいは海上の水蒸気に由来するのだという即物的・換喩的な理解がしばしば行なわれる。また、小西甚一はこれが「閑寂」のトーンで表現されていることと、「音」がかえって静けさを引き立てることを論じ、このような静けさおよび「白さ」の感覚は、芭蕉における禅との接触と無縁ではないとの推測をくだす（「〈鴨の声ほのかに白し〉——芭蕉句分析批評の試み」）。

この句をめぐっては、薄明の空間をただよう「小さな渡り鳥の寄る辺ない生」を思いやる解釈もあるから（横山昭正『現代日本文学のポエジー　虹の聖母子』）、芭蕉の作品中でもよく知られた一句はさまざまの感じ方を可能にする。

しかし、どんな解釈に及ぶ場合でも、鳥の声によって一瞬、暮れなずむ空が白く彩られるという幻想的な状況を素直に受け入れる姿勢が前提になければならないだろう。夕闇のなかでの鳥の声と白さとの、日常あり得ないがごく自然でもある合致と調和によってこそ、この作品は私たちの心に深く迫るものを持つのだ。

マルセル・シュネデールは『フランス幻想文学史』の序論で「幻想」を定義して、これが「オカルトの変種でも、超自然の発現でも」なく、「日常生活の実体験における断絶の所産であり、突然の裂け目である」とする。そんな「啓示」が起こるためには「目に見えない現実を信じさえすれば」よく、作家はそのとき「人間にその魂を、あんなにか細いが私たちの裡であんなに大きな声で叫んでいる、あの小さな魂を取り戻させる」（渡邊明正訳）のである。

これは、共感覚の幻想的な側面にもうまく即応する定義だといえよう。共感覚もまた、日常生活のなかでの一種の「断絶の所産」「突然の裂け目」とみなすことができるからだ。

若くして逝ったキリスト教詩人、八木重吉の次のような二行詩が幻想めいた趣を感じさせるのも、日常の連鎖のなかに生じた「断絶の所産」によるのであろう。

よるの雨の音は
さびしい胸にともしびのようにともる
（「しづかな朝」）

シュネデールの定義にふさわしく、共感覚はある感覚体験をもとに、「目に見えない現実」としての何か他の感覚を思い描くところに成り立つ。適切な、実感に即した共感覚表現はしばしば、私たちを狭い現実から離れて遠い異空間に導く。月の光を詠んだ宮沢賢治の短歌を二首挙げれば、

鉛などとかしてふくむ月光の重きにひたる墓山の木々
いざよひの月はつめたきくだものの匂いをはなちあらはれにけり

共感覚という日常生活のなかでの「突然の裂け目」が生起する一つのきっかけは、おそらく知覚の働きに日ごろの緊張感が失われる、何らかの放心と忘我の状態にあるだろう。

私たちは第1章で、モーパッサンの共感覚体験をみた。船に揺られる夕刻の陶然たる気分のなかで、音楽と樹木の香りが渾然と融合するのであった。

ジュリアン・グリーンの『日記』（一九三六年一月五日）には、長椅子にもたれてうたた寝をしていると、家中の物音が何やら液体らしきものに姿を変えるところが書かれている。「物音はすべて私のところに届くのだが、ことごとく様子が違うのだった。台所で皿のぶつかる音は何かしら液状となって、私の顔の上にも、胸の上にも伸び広がってくる。音がもっと強くなると、まるで泳ぐ人が川床を踵で蹴るように、私は夢の奥底から浮かび上がるように思えた」

楽長クライスラーに託した、滋味豊かな音楽エッセイ『クライスレリアーナ』のことは前章でふれた。この一節でも、ホフマンは「深紅のカーネーションの香りが、不思議な魔力で」自分に働きかけてくることを語る。「われ知らずのうちに私は夢のような状態に落ち込む。すると、遥か彼方で鳴っているような、高まっては引いてゆくバセット・ホルンの深い響きが聞こえてくる」

ホフマンのこの一節は、ボードレールの強い関心を惹いた。「一八四六年のサロン」で彼は、これが「完全に私の考えを表明している」とし、「誠実に自然を愛する人々すべての気に入るだろう」と続けるのだ。

こんなとき、日常を統べる理性の統御が緩むにつれて、五感を隔てる平素は強固な障壁に亀裂が生じるのであろう。むしろ、日常からのわずかの逸脱によっても揺らぐくらい、五感のあいだのハードルは見かけによらず低いのだというべきであろうか。

共感覚と夢

共感覚と夢まぼろしが類縁関係で結ばれるのは、感覚の働きにはもともと夢に共通した性質が含まれているからでもある。

メルロー＝ポンティは『知覚の現象学』の「感覚するということ」の章で、「どんな感覚も夢や離人症の萌芽をふくんでいる」と書く。美味なもの、美しいものを味わったり見たりしたとき、私たちがうっとりと我を忘れた気分に浸るのは事実である。前述のように感覚体験は真偽の外側にあり、言語化も概念化もしにくいから、なおのこと日常現実の枠組みの、外へ出たとの感慨に結びつきやすいのであろう。

あるいは、感覚という、言語や概念を介さない対象との直接の交わりのなかでは、私たちは受身的に事物を知覚するというより、私たち自身がまるごと事物のなかに吸収されるとの印象のほうが強いのだとも考えられる。感覚体験について離人症、すなわち自我感の喪失が語られるのも理由のないことではない。

メルロー＝ポンティは同じ箇所で、「感覚にすっかり身をゆだねるときにおちいるような種類の麻痺状態」を語り、もっと進んで「もし知覚的経験を正確に表現してみようとするなら、私は、ひとが私のなかで知覚するのであって、私が知覚するのではない、とでも言わなければならなくなるだろう」とさえ述べるのである。

前章で聴くことについて論じながら引いたロラン・バルトの言葉「幻覚に捉えられるのが声の真実ではないか」を、ここで思い合わせることができる。

さらに、序章では、芭蕉の句「鐘消えて花の香は撞く夕かな」についてのシトーウィック（A）の考察を取り上げた。科学的な「分析」の方法に比べると、むしろ夢まぼろしのほうが体験の全体性に近いというのであった。メルロー＝ポンティの言うように、知覚体験そのものが夢の状態に通じるとするなら、幻影の持つ意味はなおのこと大きい。

客観的で、事実だけにもとづいた考察がつねに有効とは限らない。私たちはときには主客合一のなかでの、ほとんど夢とも言える想像力の全開によって事態の核心に迫れるのであろう。夢は反転して、現実の深部に迫るきっかけにもなるのだ。ジュリアン・グリーンの長編『幻を追う人』の末尾に置かれた語り手の言葉が、いま真実味をもって思い出される。「これらの小冊子の最後の頁を閉じながら、私は心に問うた。幻を追う人の方が、結局のところ、私たちに比べてもっと鋭い眼差しを、この地上に投げているのではないかと」

忘我状態と共感覚が密接につながることは、心理学の立場からも立証される。

いつかインターネットのサイトをあれこれ見ていたとき、「誰もが持つ共感覚――催眠を使っての誘発に成功」という記事に行き当たった。何でも、ロンドン大学とスペインのムルシア大学の研究者たちが女性三人と男性一人を催眠状態に導いて、数字を色で知覚するように指示したというのだ。1

は赤、2は黄、3は緑というふうに。実験の開始後、催眠状態のまま眼を開けた被験者は、それぞれ対応する色をした背景に黒のインクで印刷された数字をなかなか見つけられなかった。数字が背景に溶け入って見えたためで、これは共感覚が働いたことを示すものだ。催眠状態が解かれると、彼らの共感覚は消失したという。

研究チームは、脳内で感覚を扱う各領域を隔てる神経の壁が催眠によって取り除かれた可能性を示唆しているという。本章でのちほど問題にするが、ＬＳＤのような幻覚剤が共感覚を生起させることはよく知られている。この実験は、同様の効果が単なる催眠だけでも得られることを示す。

ボードレールは『人工天国』（一八六〇）で「睡眠という、この冒険に満ちた毎夜の旅には、真に奇跡的なものがある」と述べる。そんな奇跡的なもののなかには、共感覚も含まれることになる。ともかくも共感覚現象が私たちを惹きつける、たぶん主たるきっかけは、それが現実原則から解き放たれ、夢と幻影の自由な雰囲気をまとうからであろう。

さらにボードレールを引用するなら、彼がワーグナーの『ローエングリン』序曲によって色と音との融合に深く心を打たれたのは、「早くも最初の数小節から、想像力豊かなほとんどすべての人びとが眠りのなか、夢によって体験した、あの幸せな印象の一つを味わった」（「〈タンホイザー〉のパリ公演」）からであった。

そのワーグナーにとっても、「夢の状態こそが精神を十全な透視に導く」。「精神はそのとき、ふだんの覚醒時には認めることのできない新しい結びつきを、世界の諸現象のあいだに発見するのだ」

（ボードレールが引用する「音楽書簡」による。「夢」の強調はワーグナー、「透視」はボードレール）。ワーグナーにおいては、「目覚めたふつうの状態では得られない夢の姿」を舞台に表現することこそ、楽劇の目的なのであった。

自分でも共感覚者であるパトリシア・リン・ダフィーもまた、共感覚現象と夢とのあいだに共通項を認める一人である。彼女は、「夜ごと夢の情景を紡ぎ出している、神秘的で意識の及ばない私たちの一部分」が日中、姿を現わすのが共感覚イメージだと考えるのである。

考えてみると、これまで本書で扱ってきた共感覚にまつわるいくつものテーマ、音楽も幼児体験も主観性も原始性も、見方を変えればすべて「夢」につながる。音楽への没入は、夢の状態とひとしく理性による統御を緩ませ、五感の壁を揺るがせるだろう。主観性が夢の原動力となるのは言うまでもない。幼児体験も原始性も、グローバリゼーションの大きな流れのなかで生きる現代の私たち成人にとっては、しばしば憧れをもって思いを馳せる夢に近い。

「夢」こそ、共感覚をめぐって織りなされる問題系の中核をなすとも考えられるのだ。

しかしながら、人間は夢を追ってずいぶんと遠くまで行く。放恣《ほうし》な願望、あだな空想、ときには野放図な企画。これらもまた夢の一部である。例えば、生まれつきの共感覚者を主人公とした藤崎慎吾の長大な小説『ハイドゥナン』は、沖縄の小さな島を舞台にした途方もない伝奇小説である。沖縄の不思議な伝承、超常現象、テレパシー、マッドサイエンス、先端科学技術……、何でもありの賑やかさである。

この小説については、今後言及する機会がある。夢と強い絆で結ばれる限りにおいて、こんな最も広義な意味での夢もまた、共感覚のテーマ系に加わるのである。

回想という共感覚世界

私たちが日々心に刻んでいく記憶は、いうまでもなくけっして確固とした不動のものではない。私たちの度重なる介入や思い込みもあれば、意図しない変形も部分的な忘却も、そうであったらよかったという無意識の願望も加わる。

第2章で参照したオリヴァー・サックスの『火星の人類学者』の一節で引用されるフレデリック・バートレットという心理学者の言葉には、ほとんど異論を挟む余地がない。「思い出すということは、生命のない固定された無数の断片的な痕跡を再活性化することではない。それは想像的な再構築、あるいは構築であって、過去の反応や経験の活動的な総体に対する自分の姿勢をもとに、ふつうはイメージや言葉というかたちで現われる際立った細部をつくりあげていくことだ。したがって、どれほど機械的な反復であっても、ほんとうに正確であるはずもないし、たいして重要でもない」

この本で記憶の問題が扱われる章は、いみじくも「夢の風景」と名づけられる。確かに、思い出とは夢の一種である。そして夢であるからには、突然いやおうなしに襲ってくる回想から、まるで幻覚のように音や手触り、匂いまでもが感じられて不思議ではない。プルーストといえば誰もが連想する無意志的想起では、例えばお皿に当たるスプーンの音がかつての夏のひどい暑さや、煙や森の匂いを想起させる。

スプーンの音という現在の聴覚イメージが、暑さや匂いといった過去の触覚・嗅覚イメージと渾然一体となるのだから、無意志的な回想とは一種の共感覚現象にほかならないのである。

回想の世界が諸種の感覚の入り混じる共感覚空間にほかならないことを示す、北原白秋の詩を引用しよう。その名も『思ひ出』の「序詩」の一部である。

思ひ出は首すじの赤い蛍の
午後《ひるすぎ》のおぼつかない触覚《てざはり》のやうに、
ふうわりと青みを帯びた
光るとも見えぬ光（?）（中略）
音色ならば笛の類《るゐ》、
蟾蜍《ひきがへる》の啼く
医師の薬のなつかしい晩、
薄らあかりに吹いてるハーモニカ。（後略）

白秋の詩に笛やハーモニカのような楽器の音が出るのが、思い出の喚起のうえで有効なのは言うまでもない。誰もが実感するように、音楽は、たとえ歌謡曲のたぐいであっても、過ぎ去った往時をなつかしくよみがえらせる。

ボードレールの詩「髪」でも「香水瓶」でも、共感覚体験と回想とが一体となる。だが音楽がひときわ重要性をおびる詩篇となると、フランスならどうしてもジェラール・ド・ネルヴァルを思い出さずにいられない。これも人によく知られた「ファンテジー」（一八三二）を、途中の一節を省いて次に掲げる。ネルヴァルは豊かな共感覚的感性を具えていたことでも注目されるが、この詩は聴覚から視覚イメージが広がる、すでにみた色聴の一種である。そしていかにもネルヴァルらしく、回想は今《こん》生《じょう》を超えて遠い前世に向かう。

その曲のためなら、私は全てを捨てよう、
ロッシーニも、モーツァルトも、ウェーバーも。
物憂くうらさびしく、古い古いその曲は
私だけには、秘かな魅《まど》わしの力を持つ。

ふとその曲を耳にする度ごとに、
二百年の昔へと、私の魂は若返る。

それはルイ十三世の御世……私には見える気がする、
夕日に黄ばんだ、緑の丘の広がり行くのが。（中略）

つづいて、一人の貴婦人が、高い窓辺に、
金髪で、黒い瞳《め》で、昔の衣装で……
おそらくそれは、前世で、私がすでに見た人！
——そして今、私が想い出の中によみがえらせた人！

（中村・入沢訳）

「夢と人生」との副題を持つ、ネルヴァルの『オーレリア』（一八五五）は冒頭から「夢は第二の人生である」との文章で始まる。その数頁先には、このさき多くの文学流派や詩人たちのスローガンとなる「現実生活への夢の氾濫」という有名な一句がある。彼の生涯は「切れ目なき目覚めた夢になっていた」（篠田知和基訳）とジャン・リシェはいい（『ジェラール・ド・ネルヴァル』）、レーモン・ジャンは「ネルヴァルにとって日常的なものと想像上のもの、体験されたものと夢見られたものは同等の知覚の対象」（入沢・井村訳）であったと書く（『ネルヴァル、生涯と作品』）。「ファンテジー」は、こんなネルヴァルの感性に満ち満ちた作品である。

こんなネルヴァルは、『オーレリア』第二部で共感覚的な体験を語って言う。「小石の組み合わせから、隅や割れ目や隙間の形態から、木の葉の切れ端から、色から、香りから、音から、私はこれまで未知であったさまざまの調和が姿を現わすのを見た」

ネルヴァルが言うのに、そんな発見が得られたのも「秘かな声が植物から、樹木から（……）最も下等な虫たちからも発せられて」彼に語りかけ、彼を励ましたからであった。夢さながらの神秘な力が、ここでも関与していることに気づく。第5章で詳しく論じる「万物照応」の世界観の、顕著な表われである。ネルヴァルにおいて、音楽、夢、共感覚の三者は緊密な連関をなしていたのである。

精神病理として

ネルヴァルの「現実生活」に、夢のたぐいがこれほどまで「氾濫」していると知ると、彼が生涯で数回にわたって精神科の治療を受けたのも故なしとは言えなくなる。日常生活での夢の横溢は、社会維持の立場からは良識逸脱の行為となり得る。そして、過剰な夢が治療の対象となる度合いに応じて、五感のそれぞれがまじりあうような感じ方もまた、人から病気としてみられやすい。

現に、アリスティッド・マリーによれば、一八五三年八月、ネルヴァルがブランシュ博士の病院に収容されたとき、症状の一つとされたのが「知覚機能の異常」であった（『ジェラール・ド・ネルヴァル、詩人・人物』）。最近でも、共感覚者を主人公にした伊藤たかみの小説『雪の華』の一登場人物はランボーの詩「母音」を諳んじて、「ランボーもこの病気だったんだって」と賢しげに語る。今日に及んでも、共感覚即病気との考え方は完全には払拭されていないようだ。

しかし私たちとしてはここで、序章および第1章の冒頭で問題にしたような、知覚そのものとしての共感覚と、レトリックとしてのそれとの区別に、慎重に立脚しなければならない。両者を引っくるめて、言語表現上の技法にほかならない共感覚まで無差別に精神疾患とみなすのが、当を得ないのは言うまでもない。

知覚を直接に左右する神経現象としての共感覚だけについていうなら、これが何らかの脳疾患とまったく無関係でないことは、科学的に検証ずみのようだ。これまでにも引用したジョン・ハリソンの『共感覚・もっとも奇妙な知覚世界』では、この問題が数回にわたって論じられる。「ある種の脳損傷や脳疾患によって、共感覚的な状態が引き起こされる可能性が確かにある」ことを彼は認め、病理的に色聴が生じる症例の報告も紹介している。視神経ないし視交差の損傷のために視覚障害のある患者九名について調査したところ、その幻視の内容に違いはあれ、全員が音を聞くとフォティズム（視覚的知覚）を体験したという。[1]

ネルヴァルの場合、日常生活のなかへの夢の横溢といい、暗合や憑依といった神秘現象へのひたすらな没入といい、それらがいかに詩人としての彼の否みようのない資質の一環を成そうとも、医者の目に精神疾患と映らないわけにはいかない。彼の共感覚的知覚それ自体が「異常」の刻印を押されるのは、当時はともかく、今日の共感覚理解からみていかにも不当ではあるが。

立花隆の『臨死体験』には、臨死体験を三度も重ねたアトウォーターという女性の報告が掲載されている。彼女は死に瀕していくつか知覚異常を体験したなかで、とりわけ共感覚（立花の用語でいえば「感覚複合」）現象の出現に強い印象を受けたと語るのだ。医師の診断を仰いだところ、この人の場合、臨死体験中、酸素が十分に供給されなかったので、脳が損傷を受けたとの答えであった。

第1章でみたように、共感覚はとくに子どもに多い。この女性も子どものころ強い共感覚を持っていたという。となれば立花が示唆するように、臨死体験が引き金になって「分化発達した感覚系の働きが極端に弱ま」り、子どものころの「より原始的な共通基盤系が働きだして」共感覚現象が起こったのだとも考えられる[2]。

脳の損傷と共感覚とのあいだに関係があることは、小説の題材にもなる。ジェファーソン・パーカーの『レッド・ボイス』（原題『墜落した人たち』）では、主人公の警察官はホテルの窓から落ちて後頭部を強打して以来、共感覚者となる。デヴィッド・マドセンの『カニバリストの告白』（原題『肉食者の告白』）では、事情は明らかではないが、やはり頭部を打ったのがもとで主人公が共感覚を得る。

前者での共感覚は、相手が嘘をついているときは赤い四角、幸せな気分だと青い三角が目の前に見えるといった、いっぷう変わったタイプである。主人公の職業に合わせた作為の匂いはどうしても漂う。しかし、彼は作中、共感覚を研究する精神科医を相手に真剣な議論を重ね、自分のケースがけっして偽物でないことを力説するのだ。作者に、よほどの自信があったのであろう。

後者では、当人の意志でオン、オフの切り替えが可能という、これもまた奇妙な共感覚がテーマである。しかもその主人公は、平気で人を殺し、その肉を美味この上ない料理に仕上げて客に供するのを喜びとする、哲学も信念も具えた怜悧な料理人である。

嗜虐的な殺人者でありつつ一見筋の通った議論を臆面もなく展開する、こんな「醒めた狂気」こそ「共感覚＝精神異常」説の極致なのであろうか。

尾崎翠の世界

しかし言うまでもないが、共感覚と精神病理がときとして近い距離にあるからといって、こんなにドラマチックな行動に及ぶばかりが物語世界のすべてではない。

昭和初期の作家、尾崎翠の小説『第七官界彷徨』では、蘚《こけ》の恋愛が語られる。「肥料の熱度による植物の恋情の変化」を研究テーマとする青年が毎夜こやしを煮て家中に常ならぬ臭気を発散させ、人糞と音楽の貴重さが比較されたりもする。確かに、異様といえば異様、精神疾患に類する世界ではある。

だが、室外から流れてくる「淡いこやしの臭いは、ピアノの哀しさをひとしお哀しく」するとか、「どうも夜の音楽は植物の恋愛にいけないようだ」とか、思いがけない共感覚的イメージは、この小説世界の異様さと不思議にうまく釣り合う。そんなマッチングの妙に惹かれて、私たち読者はいつしかこの作中人物たちの感じ方を共有し、すべてを自然なことがらとして受け入れてしまう。

主人公にして語り手の女性が住むのはまさしく「霧のようなひとつの世界」である。「そこでは

〔彼女の〕感官がばらばらにはたらいたり、一つに溶け合ったり、またほぐれたりして、とりとめのない機能をつづけ」るのだ。そして音楽とこやしの臭気が彼女に自問させる。「第七官というのは、二つ以上の感覚がかさなってよびおこすこの哀感ではないか」

共感覚な感性とはここで、心理学的な研究の対象となるような堅苦しい事象ではいささかもない。「霧のような」この小説のなかに生きる人たちにとってそれは、ごく日常的に、生活の質そのものを形づくっているように感じられる。共感覚的な感性は思いがけないもの同士を結びつけ、私たちの日常に予期しない新しさと驚きを導き入れるのだ。

発表後ほぼ八〇年を経て今なお愛読者を失わないこの小説は一抹、遠い異次元世界に移住したような懐かしさを感じさせないだろうか。人間がすべてについて偏見を持たず、カテゴリー間の区別にそれほど神経質ではなかった原初の世界を、まるで垣間見たかのように。

精神疾患とぎりぎり境を接しながらも、そこへ入ってしまえばさして違和感を覚えず、ある種の詩情と生真面目な精神さえ感じさせる、そんな世界だって存在するのである。

「精神障害者」(?)たち

プルーストにとって、ネルヴァルは熱愛する作家の一人である。その「ジェラール・ド・ネルヴァル」(一九〇九)は、この時代でのネルヴァル像の転換を示すうえでも、またプルースト自身の文学観を知るうえでも注目に値するエッセイであるが、その冒頭で彼はネルヴァルの「狂気」について擁護の弁をふるう。それが純粋に器質的な狂気ではなかったこと、発作のとき以外はむしろ良識がありすぎるぐらいであったことを語ったあとで、彼はそれを主観性の過剰として理解しなければならないと説く。

「ジェラール・ド・ネルヴァルの場合、兆しはじめたばかりの、まだ表面化するに至らない狂気とは、一種の度を越した主観主義にほかならず、感覚が指し示す万人共通のもの、万人が知覚できるもの、つまり現実よりも、感覚そのものの個人的な特質のほうに、夢や回想のほうに、重点を置こうとする傾きそのものなのだ」（出口・吉川訳）

これは、「感覚そのものの個人的な特質」の重視といい、「夢や回想」の強調といい、大きくいって共感覚的な感性の価値を認めようとする姿勢が、ネルヴァルにもプルーストにも共通することを示す、注目すべきテクストである。と同時にこれは、狂気と主観性との近接性を指摘した点でも示唆するところが大きい。

確かに、いわゆる狂気とは一面で、自己への固着のあまり自分自身を客観視できない精神状態として定義できるだろう。それに、共感覚を精神障害とのつながりで捉えようとするとき、中間項に主観性を設定すると、うまく脈絡がつく。私たちはこれまで数回にわたって、共感覚を成り立たせる主たる要素の一つが主観性にあることをみた。主観性は、共感覚といわゆる狂気とのちょうど接点に位置するのだ。

実際、自閉症とか、子どもに多い自閉的精神障害としてのアスペルガー症候群とか、対人関係が円滑に進まない人たちを説明するのに、たいていの本が、共感覚そのものではないまでも感覚作用の「異常」に言及する。精神医学事典のたぐいであっても、言語上の困難や、物や場所への強い固執など、その行動特徴が列挙されるなかには、音や光、ときには触覚についての異常な敏感さが加わることも多い。自閉症傾向が極端な主観性を含む限りにおいて、感覚作用の変調もこれに伴うのであろう。

現に、『ぼくには数字が風景に見える』の著者ダニエル・タメットがアスペルガー症候群を患っていることは作中で明言される。彼が驚くべき共感覚を具えていることもまた、これまでに述べたとおりである。

感覚作用の「異常」についてなら、ケヴィン・ダンが詳しく紹介する「映像で考える」自閉症の一女性のケースにはとりわけ驚嘆を禁じ得ない。

コロラド州立大学の動物行動学の教授、テンプル・グランディン博士がその人であって、彼女にとっては、画像がそのまま言語である。個々の単語は彼女には第二の言語にすぎない。彼女は話された言葉であれ、書かれた言葉であれ、すべて音声を伴ったフルカラーの映画として記録し、それらがまるでいつでも再生できるビデオ・テープのように頭のなかに保存されているのだという。

音楽に何ら反応せず、言葉の豊かさやその文化的背景を会得することもない彼女は、他の感覚が関与しないなかで、もっぱら視覚化された思考のなかで生きているのだ。思考が視覚化されたおかげで彼女には、いくつものシステム全体を想像のなかで構築することが可能となった。

これまでに二度参照したオリヴァー・サックスの『火星の人類学者』には、著者がグランディン博士を訪ねて親しく話し合う感動的な一章がある。自閉症者である彼女は、まさしく「火星の人類学者」と呼ぶのにふさわしく、人間行動を理解することが不得手で、「恋に落ちて有頂天になるということがどんなことか」も皆目わからない。といって彼女が愛情に疎いのではけっしてなく、脳を調べるのに大好きな子豚を犠牲にしなければならなかったとき、おいおい泣いてすっかり落ち込んだこともあるのだ。

そんな彼女が本当に幸せなのは、動物たちと睦みあい心を許しあう時間である。彼女は心のなかのビデオを繰り返し再生しては目の前の現実とつき合わせて、彼らの行動を予測しようとする。「視覚的な思考をするひとのほうが、動物の気持ちがよくわかるのです」と彼女は言う。「すべてを言葉を通して考えるとしたら、動物の考えがどうしてわかりますか？」

世の中には、グランディン博士のように、自分を動物とまったく同じ目線に置いて生き、言葉ではなく視覚を思考の手段とする人もいるのである。

サックスの別の著書『妻を帽子とまちがえた男』には、突然視覚的な能力を喪失してからは、ただ音楽だけで生きている男性の話がある。彼の場合、音楽がイメージの代わりを果たしており、「内なる音楽」によってけっこうふつうの生活を営んでいるのだ。

言語ではなく視覚で。視覚ではなく音楽で。人間の持つ認知とコミュニケーションの能力は、かなりの範囲で交換がきくようである。

共感覚と記憶の能力

注意してよいことだが、『ぼくには数字が風景に見える』の著者ダニエル・タメットも、第1章でふれた共感覚者シェレシェフスキーも、抜群の記憶力に恵まれていた。タメットは五時間九分かかって、円周率を小数点以下二二、五一四桁まで暗誦できた。シェレシェフスキーは五〇の無関係な数字でできた表を三分かからずに記憶して、たった四〇秒で完全に再現することができた。

ケヴィン・ダンの著書には、他の自閉症者による信じられないような事例がいくつも出ている。西暦一千年から二千年に及ぶ任意の年月日を人に言わせて、それが何曜日かを立ちどころに当てた二六歳の男性。これまでラジオで聴いた天気予報をことごとく記憶にとどめていて、日付さえわかればその日の天候を正確に反復できた、ハリエットという名の音楽好きの若い女性。彼女はまた、人からもらった三百人あまりの電話番号から、どんな番号でもすぐに思い出せたという。

視覚イメージについてなら、やはりオリヴァー・サックスが『火星の人類学者』の「神童たち」の章で扱うスティーヴンなる自閉症者の男性画家を例に挙げることができるだろう。彼はかつて目にした風景や事物をうなされるほどの細かさと鮮やかさで再現する技を身につけているのだ。精緻ではあっても、何の意味も解釈も再構成もない、コンピュータの記憶装置のような絵なのだが。

あるいは、素人考えをめぐらすなら、彼ら自閉症者においては、自己への固着あるいは集中が最初にあって、これが自己の拡張へとつながっていき、そこから記憶のなかに多くを溜め込む結果となるのでもあろうか。

オリヴァー・サックスの解釈は、さすがにもっと理にかなっている。彼はこのような「記憶」を「憑依」あるいは「模倣」と捉え、ここに一種の「アイデンティティの飢餓感」のようなものが働いていて、自閉症の人たちには「他の人格を借りたり取り込む必要」があるのではないかと考えるのだ。

しかし、自閉症を持たない共感覚者においてもまた、突出した記憶の能力が指摘される。自ら生来の共感覚者であるリン・ダフィーも、神経科学の研究者シトーウィック（B）もこの点にふれ、とくにシトーウィックは自分の研究に参加した人の八八パーセントが、平均よりも遥かにすぐれた記憶力を持っていると述べる。

手近な小説から例を挙げれば、『マンゴーのいた部屋』の女主人公は人名も電話番号も記憶にとどめるのがいたって得意だし、『雪の華』の共感覚者もなかなかものを忘れることができない。「共感覚というのは記憶を二重にロックする」と彼は考えるのだ。ウラジーミル・ナボコフが自伝『記憶よ語れ』で、自分のことを「熱烈な情熱で過去を追憶できる人間」「絶えず過去に帰って行ける人間」と呼んでいるのを付け加えてもよい。

シトーウィック（B）の示唆するところでは、原因は共感覚者が得てして「直観像」と呼ばれる心理現象を経験しやすいことにあるようだ。これは一名を「写真記憶」と呼び、過去に経験した視覚的印象があたかも同時的な知覚そのものであるかのような正確さで保持される心的イメージをいう。この現象はプルーストのいう無意志的な記憶とよく似ているが、意図しない記憶が完全な忘却のあとに突然出現するのに反して、こちらは終始とても安定した記憶であって、長期の保持も可能だという。

直観像という前提に立てば、神経現象としての共感覚を持つ人々はしばしば脳内に、いつ顕在化するやもしれない過去の、生々しく精密な記憶を抱えていることになる。視覚から発しながらもすべての感覚を並存させるこのような心的イメージが、共感覚知覚の肥沃な母胎となることは理解しやすい。しかも直観像とは要するにイメージにほかならない。感覚相互間の隔てを強いる現実世界の常識は、もうここではあまり力を持たないのである。

共感覚を論じる人たちのなかで、とりわけ直観像を重視するのがケヴィン・ダンである。彼によれば、ウラジーミル・ナボコフの場合も、共感覚体験とみえるもののかなり多くが直観像だという。

本項の初めでふれたシェレシェフスキーは共感覚者であると同時に、精緻な直観像にも恵まれていた。心理学者ルリヤは、これら二つの特性が両々あいまって彼の飛び抜けた記憶力に貢献しているのだと考える。彼の直観像はきわめて鮮明で安定していたうえ、少し注意をそらすとその像は消えてなくなり、何かのきっかけでそれを再現させることもできた。これらが彼の記憶の強力な保持にとって有利な条件を成していたのである。

もう一つの共感覚と記憶力との関係については、ルリヤはなかなか面白い見方をする。共感覚の諸成分が与えるのは、記憶内容の「背景」と、補足的にして「余剰の」情報である。一見不必要と思えても、種々の感覚からなる複合的で「余剰的な情報」こそが、記憶の正確な「記銘」（覚えこみと定着）を保証するというのである。そういえば私たちが何かを思い出そうとするとき、その何かを囲《い》繞《じょう》する状況が手がかりになることがよくある。

オーストラリアの先住民アボリジニの社会では、伝統文化の口承が不可欠とされる。博大な記憶力を必要とするこの仕事には、つねに共感覚イメージ群がかかわっているという。アボリジニについての大部な研究『アボリジニの世界――ドリームタイムと始まりの日の声』での著者ロバート・ローラーの見解もまた、ケヴィン・ダンやルリアなどと同様、直観像の重視である。アボリジニにおいてもまた、直観像のおかげで記憶過程の全貌が克明に保存されるのである。

ロバート・ローラーはさらに、ライヤル・ワトソンという心理学者の研究にもとづき、感覚相互の連合によって「五感間の閾レヴェルが低下し、バルブが開いて、心が大量の多種多様な記憶に晒される」のだと考える。その結果「共感覚能力がさらに強烈な場合には、とてつもなく強烈で豊かな記憶が生まれる」（長尾力訳）のである。注記しておけば、閾レベル（閾値）とは何かを知覚するのにどれくらいの刺激が必要かを示す値である。感覚のあいだの垣根が低くなれば、五感の記憶内容が一挙に放出されることは、素人にも理解しやすい。

私たちは先に、単なる過去の想起がすでに共感覚発生の可能性を含むことをみた。つづいて今、共感覚を持つ人たちと記憶作用とが浅からぬ縁で結ばれていることを知った。第1章で調べたように、共感覚はいわば「化石」のようにすぐれて原始的な感覚作用でもある。過去志向は、いろいろな意味で共感覚の特徴となっているといえるのであろう。

幻覚剤の働き

横尾忠則がニューヨークで初めてLSDを使用したとき、突然ワーグナーの音楽を聞きとったことは前章で述べた。彼は同じエッセイでその体験を振り返って、これは「日常の現実感覚」からはとても理解できない別世界への「テレポーテーション」であったと語る。視聴覚が鋭敏になるというのを通り越して、自分が「肉体がなく意識体だけの存在」いわば「光体のようなもの」になり変わった、と彼は感じたという。

時代は十九世紀の昔に遡るが、同じアメリカで小説家のポーがドラッグ常習者の幻覚を、短篇「鋸山奇談」で小説にした。いつものようにモルヒネをたっぷり体内に入れたあとで、主人公ペドロウは日ごろの習慣どおり「鋸山」と呼ばれる荒涼たる丘を歩く。すると、麓の水音から川と群集のざわめきが連想され、平野に東洋ふうの町全体を見るに至る。そして彼は、その騒乱のなかで前世の自分自身が暴徒に殺されるのを目撃するのである。

物語は大要これだけだが、全編に共感覚的感性がみなぎっているのに私たちは気づく。外界のあらゆるものに、「一枚の葉のふるえにも（……）森から来るかすかな匂いにも」主人公は強い関心をそそられ、そこから何かの暗示を感じ取る。「五官は完全にぼくの支配下にあり」、この五官が今や「ぼくの魂に、斬新な、奇妙な感覚の世界をもたらした」（小川和夫訳）と彼は記すのだ。ボードレールがハシッシュとアヘン礼讃の書『人工天国』でこの小説に格別の注意を払うのも、主人公ペドロウのこんな感じ方ゆえであった。

程度の違いはあっても、幻覚剤の服用が何らかの意味での感覚の混乱、共感覚あるいはそれに近い状態を現出することは、誰もが口にするところである。シトーウィックやハリソンのような神経科学者はもちろん、現象学者のメルロー＝ポンティもまた同意見である。彼はこれまでの研究結果を踏まえて、メスカリンの影響下では「フルートの音は青緑色の感じをあたえ、メトロノームがきざむ音は暗がりのなかで灰色の斑点によって表現され、映像の空間的間隔は音の時間的間隔に」（『知覚の現象学』）相応するのだと述べる。

これまで本章で、夢想に始まって脳疾患に及ぶ脱日常的な体験が得てして共感覚誘発の原因となることをみてきた。幻覚剤をここに加えることができ、薬物のたぐいでなくても、アルコールやカフェインがこの点で有効だとみなす人もいる。

睡眠中の夢や疾病が当人の意志によらないのに反して、こういった物質の使用なら基本的に誰にでも可能だ。いわゆるマインド・トリップによって、現実原則の外への、超脱体験を試みる人は、いつの時代にも後を絶たない。社会習慣上、法律上、健康上の、重大なリスクにもかかわらず。

実際、各種の幻覚剤はほとんど人類の歴史とともに古い。このことは例えば宮西照夫・清水義治共著の『古代文化と幻覚剤　神々との饗宴』でわかる。アステカやインカの帝国においても、エジプトでもヨーロッパでも、医療・信仰・犯罪・享楽など、平板な日常の外側に位置するもろもろの人間行動の場面で、またときには日常のただなかでさえ、それは人類と共存してきたのである。

文明化のかげで生きる小さな部族のあいだで、今日でもドラッグのたぐいが重要視されるのは異とするに足らない。前項で言及したアボリジニの社会でも、薬物による精神のトランス状態が先祖の意識への参入を可能にし、「完全な生」への通路となるのだとロバート・ローラーは考える。アボリジニの人たちは、シャーマンの指導のもとサイケデリックな体験を経ることによって「生命と一体化することはもちろん、生命を最大限に躍動させ鼓舞することもできるのだ」。

彼らの豊かな意識世界に比べると、西欧人の精神・言語・社会のプロセスのほうがいかにも想像力を欠き、ひどく硬直して外在化されてしまっている、とローラーは断じる。人間の深部には、変則的にして無秩序、それでも人間性の一部というしかない領域が広がっている。西欧の社会はつねに社会化プロセスの「矯正力」を働かせて、こんな世界から人々を遠ざけ、知覚を一定方向に誘導するのだと彼はみなす。

ローラーに言わせれば、西欧の人間たちは誰しも、子どものころから文字どおり催眠をかけられているのであって、悪名高きマインド・コントロールを行なっているのは西欧の社会そのものなのだ。文明が進むにつれて、何かにつけて社会の規制が強まるのは避けがたい仕儀なのであろうが。

薬物に魅せられた人たち

イギリスの作家ド・クインシーが薬物に溺れた体験を赤裸々に綴った『英国アヘン吸飲者の告白』（一八二二）は、フランスでも評判になった。パリのピモダン館では医師の立会いのもとに何度かハシッシュ吸飲の集いが催され、テオフィル・ゴーチエはこの体験をもとに小説『ハシッシュ吸飲者倶楽部』（一八四六）を書いた。恐怖と戦慄を愛する、いわゆるロマンチスムの作家のあいだで薬物は格好の主題であったが[3]、この主題で今日に残る強烈な仕事を行なったのは、やはりボードレールである。

何しろワーグナーを聴いて、その「熱烈で人を捕らえて離さぬ」音楽から「アヘンが与える目の眩むような想念の数々」（「〈タンホイザー〉のパリ公演」）を感じ取ったボードレールである。長大なエッセイ『人工天国』で、彼はド・クインシーの体験記を丹念に論評する一方、ハシッシュおよびアヘンについての思いの丈を存分に披瀝する。ハシッシュによって得られる「あらゆる陶酔を伴った絶対的な幸せ」、「無限の至福」。「時間が完全に消えた」との実感に加えて、人間が「無限への嗜好」を抱くことの確たる「証拠」。「おお、正義に満ち、巧妙にして力強いアヘン！……おまえは天国の鍵を握る……」

ドラッグのもたらす、おそらく最大の効果である「無限」の印象については、『悪の華』の詩篇

「毒薬」の第二節をみよう。

アヘンのおかげで、境界の無いものがなおも拡大し、
　無限のものがさらに長さを加え、
時間は深まり、逸楽は奥まで刻み込まれて、
　黒々とした陰鬱な快楽とともに
魂は、その容量を超えて満ち溢れる。

『人工天国』を読み進めていくと、薬物が幻覚を惹起する過程で、共感覚の役割がひときわ大きいことに気づく。「音が色彩をまとい、色彩が音楽を含む」ような、感覚相互の「類縁関係がそのとき、常ならぬ活発さをおびる」とボードレールは書く。「それらは有無を言わせぬ特質をもって、精神を貫き、支配し、打ちひしぐ」

注意しなければならないが、文学者が薬物体験を語るとき、どうしても気負いや誇張やレトリックが微妙に混入しやすい。ましてボードレールは人並みはずれて倨傲《きょごう》な男であった。ピモダン館でのハシッシュの集いでは、彼はもっぱら観察の側に徹していたといわれる。実際には、『人工天国』から推し測れるほど多量の薬物を用いていなかったとの推定も十分に成り立つ。

その後ほぼ百年を経て、アメリカ西海岸を中心にヒッピーたちの活動が始まる。ドラッグを媒介と

して十九世紀のロマン派とヒッピー運動は通じあっている、と由良君美はみなしたという（四方田犬彦『先生とわたし』）。

事実、ヒッピーたちもありのままの人間を容認することができなかった。彼らも非現実なもの、根源的なものに惹かれ、社会の進歩よりも人間一人一人の内面の深化と、全面的な自由を目標とした。そして、ロマン派が主として芸術家が中心であったのに反して、こちらは若い人たちを巻き込む幅広い活動であった。

ヒッピーの運動は、一九六〇年代後半のアメリカ社会の動きと密接につながっているとの指摘はしばしば行なわれる。ジョンソン大統領のもとでのベトナム戦争のエスカレーションと、これに異議を唱えるラディカルな若者たちの抗議活動。これらが確かにヒッピーたちを衝き動かしてはいた。

しかし、彼らの活動を幻覚剤の側から論じたリー、シュレイン共著の『アシッド・ドリームズ』が詳しく述べるように、薬物の服用と政治的反抗とが構造的な類似を成していたと考えるほうがおそらく正しい。ＬＳＤを始めとする幻覚剤が「イメージと現実との境界をあいまいにさせ、これに頼った人間たちの夢と希望を、ただひたすら水ぶくれのようにふくらませる」（越智道雄訳）。だから、「ハイが日常的になっている過激派たちのなかには、自分たちがすでに革命のさなかにいると錯覚する者たちもでてくることになったのである」。

ヒッピーたちの「教祖」的存在であったティモシー・リアリーは当初、将来を嘱望された臨床心理学者であった。彼もまたＬＳＤのパワーに圧倒された一人であり、その驚くべき効果を国民に実地に

「経験」させておくべきだとする大それた提案がもとで学界を追われる。

運動の周囲には、イギリス人精神分析医のハンフリー・オズモンド博士もいた。ホフマン博士がLSDを発明したとき、早速これを試して「私の人生での最も美しい品物」の一つと絶賛した人物である。「これは現実からの逃避ではなく、その拡大にして開花である」と彼は述べる。

幻覚剤に何を求めるのか

オズモンド博士が記憶に残るもう一つの理由は、彼が作家オルダス・ハックスレーにメスカリンを薦めたことにある。「まちがいなく、この世で体験できる至福としては、最高に意味深いとほうもない経験だった」とひどく感動した作家は、驚くべきドラッグ賛美の書『知覚の扉』と、その続編『天国と地獄』を書く。日本語訳もあるこの二冊は、ティモシー・リアリーのドラッグ体験への導きともなる。

幻覚剤を称揚する人たちと同様、ハックスレーが打たれたのは無限に及ぶ時間と空間の拡張であり、視覚を始めとする鋭敏・強烈な知覚の発動である。だが彼がとりわけ強調するのは、「全ての事物が永遠で聖なるものだ」（今村光一訳）との思いに裏づけられた、宗教的というほかはない感動である。彼はこれをカトリックでいう「特別のお恵み」と同一視し、「もしそれを正しく利用できれば、救済のために非常に役に立つものであり、感謝して受け入れるべきものだ」とさえ言い切るのである。

「至福感、大海原にただよう感じ、罪の許しが得られた安心感」、これらがLSDトリップの頂点に達した感情を説明する言葉だと『アシッド・ドリームズ』も書く。ヒッピーたちが、仏教やインドの宗教にことのほか惹きつけられたのはよく知られた事実である。彼らが展開したのは一面で、原初への回帰を目指す脱現世的な運動なのであった。

メキシコ高地に生える幻覚作用に富んだキノコは「神の肉」と呼ばれた。昔から、幻覚剤と宗教との関係は深い。先ほど述べたアボリジニたちのほかに、アマゾンのデサナ族もほとんどの儀式でドラッグを使う。アメリカの先住民たちに広い信者を持つ「ネイティヴ・アメリカン教会」が、愛餐式にメキシコ原産のペヨーテを用いることもよく知られている。これは聖なる守護神が彼らに与えた、特別のはからいにほかならないのだ。

「宗教を体験するということは、ある意味では、神聖なる狂いの電流にふれること」(町田宗鳳)。「いわゆる宗教体験のうち、ある部分は、かなり高い確度で、サイケデリック体験そのものとみなしうる」(正木晃)。どちらも、武井秀夫・中牧弘允共編の『サイケデリックスと文化』に引用された高名な宗教学者の言葉である。宗教は「民衆のアヘンである」というマルクスの言葉は、確かに事柄の一面を言い当てている。最近評判の長編小説、篠田節子の『仮想儀礼』は、宗教とは畢竟「合法ドラッグ」だとの自覚あるいは達観のもとに、素人が営利目的で新しい教団を立ち上げる物語である。宗教とドラッグとの強い絆に心を奪われる一方、私たちとしては、二つのあいだにどうしても一線を画したい気持ちを禁じ得ない。ある宗教を信じ、それを日常に生かすことには、当然どの程度においてか、現実上の努力と理性と人格性が加わらねばならず、自分だけの救済への短絡的な期待ばかりで信仰が成り立つとも思えない。浄土教が教えるように、現実生活に踏み迷い、蹉跌を重ねることによってでも救済が遂げられないだろうか。

むしろ、信仰とは日常の苦しさに耐える力であるべきなのであろう。安易な救済への期待は、信仰にとってかえってマイナスなのかもしれないのだ。

ボードレールの『人工天国』についてはこれまでにみた。ドラッグ賛美の激しい言葉が乱舞するなかに、注意して読むと、ここかしこに批判的な言辞が散りばめられていることを私たちはゆめゆめ看過すべきではない。「ハシッシュは行動に不適切だ。（……）それは人格を、その人が置かれている現下の状況のなかで度外れに発展させるばかりなのだ」。「ハシッシュは自殺のための武器である。（……）それは人を孤立させる。（……）ハシッシュは無用にして危険だ」

のちには、各種のドラッグが「出来の悪い人類を仲間に加え奴隷とするために、〈暗闇の精〉」が用いる最も確実な手段であるばかりか、「その最も完璧な化身の一つだと思える」との手厳しい断定もある。

「暗闇の精」とは、注記するまでもなく悪魔の謂いである。

第4章　宗教からみた共感覚

そのとき目の前にそびえる鐘塔は、それ自身が祝別を受けた大きなブリオシュのパンのように金色に焼けて、太陽をしたたるほど浴びてうろこが付き、まるでゴムさながらの姿で、青空のなかにその鋭い先端を突き刺していた。

（マルセル・プルースト／原田武訳『スワン家の方へ』）

聖堂、共感覚空間として

もう二〇年ぐらいも前の夏、当時勤務していた大学のフランス人の同僚の車で、十二世紀ごろ南フランスで広く奉じられた異端カタリ派の遺跡を訪ねる旅に出た。数日をかけてラングドックの山野を駆け巡ったたぶん三日目、オード河畔の小さな町キアンに一夜の宿をとった。

夕食後、町を歩いた。この規模の町にしては立派な聖堂ではちょうど、あまり高名でもなさそうな音楽家によるパイプオルガンの演奏が行なわれていた。中へ入るとすぐ、聖堂いっぱいに広がる音の波がたちまち私たちをとらえた。ほの暗い内部では、彫像もステンドグラスも、オルガンのおかげでいちだんと輝きを増し、音が堂内くまなく沁み渡るにつれて、石でできた建物自体が柔らかにうたい始めるという印象であった。

音のうねりが嘆くように踊るように、苦しむように喜ぶように、身をくねらせて進んでいくのを聞くと、ユイスマンスが『出発』の冒頭部分で、聖堂に溢れるオルガンの響きを次のように描くのも適切だと感じられる。「オルガンの曲ははじめまずほとんど水平に漂い、それから徐々に高まって、ついには切り立ったように険しくそばだち、やがて泣きながら揺らめいて、上の端から崩れ落ちるのであった」(田辺貞之助訳)

聖堂も聖像も、おそらくは聖歌のたぐいも、カタリ派は物質と感覚に結びつく一切の信仰形態を拒否した。旅行のあいだ、そんな極度の抽象性に貫かれた異端運動にふれてきた私には、それとはまったく対照的な、カトリック聖堂の持つ豊かな感覚性に、やはり心動くのを覚えたのだった。

質素な精神性に徹し、聖と俗とを極端にまで峻別するカタリ派的な行き方がいいのか、信仰の支えとして感覚的な要素を十分に活用するカトリック的現実性の方がまともなのか。種々の議論があり得るだろう。物質と感覚の尊重は「力」の支配と、信仰の形式化を招く危険と表裏する。しかし一方、この世で信仰を守り抜くためには、聖は俗の力を借りねばならず、物質に発する地上的な要素がどうしても必要とされる。中世ヨーロッパにはびこった聖遺物崇拝にだって、それなりの存在理由があったのである。

異端カタリ派の運動がついに十分な実を結ばなかったのも、結局は聖と俗、純粋と不純の厳しい二元論のゆえであったと言わざるを得ない。

篠田節子の『仮想儀礼』については前章でふれる機会があった。新しい宗派を興した二人の素人がことのほか意を用いたのは、教理以上にむしろ雰囲気の醸成であった。「乳香が深々とした甘い香りを漂わせ」、銀の鈴が澄んだ音を響かせる一方で、祭壇には「信者の供えたバター灯明が揺らめき、あたりをオレンジ色の光に溶かし込んで」いる、といった具合である。自称教祖はそこで「チベット密教風のパフォーマンス」を行なうのだ。

現実の問題として、カトリック教会に限らず、地上のほとんどの宗教が多かれ少なかれ、その儀礼に各種の感覚を動員しないではいない。カトリックについていえば、大聖堂の隅々に至る精巧な細工、吊り香炉から振り撒かれる香の雲、色とりどりのステンドグラスを透した日の光、堂内に響く聖歌の大合唱。聖堂とはときとして、これらのすべてが一つに溶け合う、すぐれて共感覚の空間である。

共感覚をうたった詩篇として誰もが引用するボードレールの「照応」については、次章の始めで全文を引用する。シャルル・モーロンは、主としてその散文詩を研究した『晩年のボードレール』の注の部分で、とくにこの詩について論じる。幼時、よく母に連れられてミサ聖祭に参列した思い出も手伝って、詩人が聖堂という空間に憑かれていたことを想起したあとで、モーロンはこの詩には聖堂を連想させるモチーフがふんだんに用いられていると指摘するのだ。森のような列柱、堂内の陰影、ステンドグラスの色彩、木霊《こだま》さながらのオルガンの音楽。そして、居並ぶ女性たちの香水と、それらと混じりあって香炉から発する薫香の匂い。

ボードレールにおいて、共感覚を含む万物照応の思想がかなりの宗教性をもって理解され、そこには聖堂のイメージが濃厚に付随していることがわかる。

さらにモーロンはここで、同じ『悪の華』の詩篇「前世」においても、明示はされなくても聖堂空間を示唆する措辞がいくつか用いられていると論じる。例えば、語り手がそのほとりで長いあいだ暮らしたという「広大な柱廊」や「真っ直ぐで、おごそかな巨大な柱の列」。また、押し寄せる音の「大波」が「荘厳な、神秘な仕方で織り混ぜていた／その豊かな音楽の力強い和音」という表現からは、誰しも聖堂のオルガンを連想するだろう。ボードレールのなかでは、「前世」という宗教的な想念は、聖堂が織りなす共感覚イメージと不可分なのだ。

感覚的な要素を豊かに取り入れることで、信仰がただ魂の領域にとどまらず、身体を含んだ、全人間的な営為に広がるのだということにはなるだろう。しかし一方、感覚への没入はそれなりに危険を伴わないではいない。感覚は欲望発動の尖兵になることができ、主観性いいかえれば独善性と切り離せないからだ。いったん火の点いた欲望がどこまで人を連れ出すか、わかったものではない。

「口中オルガン」を始めとして、感覚表象にも聖堂空間にも際立った関心を寄せたユイスマンスは、熱烈なカトリック信仰の一方、「黒ミサ」などという極端に背徳的な行為にも強く惹かれた。同様に、感覚とりわけ嗅覚の働きに人一倍敏感なボードレールのうちには、絶対者への抜きがたい信仰と並んで、終始「悪」への誘引が力をふるっていた。モーロンは、詩篇「照応」の一節「またある香りは、腐敗して、豊かにも誇らかに、／無限な物とおなじひろがりをもって／（……）精神ともろもろの感覚との熱狂を歌う」の発散する、エロチックで宗教的な印象を「かなり悪魔的」と評する。平野啓一郎は、「日本のカトリシズムが終《つい》に輸入しそこなった」ものとして、「神聖で、豪奢な輝きに充ち、それでいて生々しい現実感を兼ね備えた、あの残酷さ」を、西欧中世のカトリシズムの特徴とする（『文明の憂鬱』）。そんな「残酷さ」は、確実にユイスマンスにもボードレールにも名残りをとどめている。そしてそんな傾向は、感覚現象への過度のこだわりと、必ずや通底するものなのだ。

石、堅固にして柔軟

カトリックの聖堂についてなら、誰でもがすぐステンドグラスの美しさを称えるだろう。ポール・クローデルはステンドグラスについて、とくにその機能に注意を向ける（『眼は聴く』）。「教会は、透明なクリスタルを介して、外的空間から光を取り入れる非物質的な境界、密度を異にする二つの指数、すなわち、自己のうちに沈潜した深い魂の指数と、周囲の直接的な光の指数とのあいだで交渉がおこなわれるその境界を画定することを思いついたのだ」（山崎庸一郎訳）。ステンドグラスは、心を天外に遊ばせるそれ自体の華麗さはむろん、その働きにおいても立派に役割を果たしていることがわかる。

ユイスマンスが『大伽藍』で展開したような、ステンドグラスを始め、カトリックの聖堂を構成する各部分の意味作用については、際限なく議論を重ねることができるだろう。しかし今は、感覚現象をテーマとする本書の趣旨からいって、聖堂が何よりもまず「石」でできていることを問題にしよう。そして、その石から鳴り響く「鐘」と、堅い石のあいだから匂い出すのに似た、不可視で不定形な「香《こう》」について考えを進めよう。

「石」に関していうなら、終始安定して永続的な石のありようが、信仰の場にふさわしいことはすぐに納得される。石は、人々が常住不断そこに安心して身を委ねることのできる堅固な、不動の拠り所である。また他に方法がないとき、二個の石を打ち合わせれば火を起こすことも不可能ではない。石は火の発生源でもあり得るのだ。

しかし奥泉光の小説『石の来歴』の主人公が言うのに「鉱物の形は一瞬も静止することなく変化している」。「何気なく手に取る一個の石は、(……)虚空に浮遊するガスが凝固してこの惑星が生まれたときからはじまったドラマの一断片であり、物質の運動を刹那の形態に閉じ込めた、いわば宇宙の歴史の凝縮物なのだ」。見かけの不動のなかでの絶えざる変動という点でも、教会は石のイメージにふさわしいのであろう。

原初、キリスト教会は岩の上に建てられ、初代教皇もまたペトルス(石)の名であった。古来、世界のあちこちで、西欧でいえばギリシア人もケルトの人々も、石造の宗教建造物にこだわったのを思い合わせてよい。

キリスト教からは離れるが、「賢者の石」はまた、錬金術において中心的なシンボルとなる。錬金術者にとってこれは、物質の変成を可能にする最初にして最後の物質なのであった。

昔から石の魅力に取り憑かれた人は多い。さしずめ澁澤龍彦などその一人であって、エッセイ「石の夢」は古今東西に及ぶ恐るべき博識で私たちを圧倒する。ユングにとって石は「存在の底知れぬ神秘」を含んでいたこと。折口信夫に「神の容れ物としての石」という発想があること。神や霊が石に具象化されるという例は、洋の東西を問わず枚挙に遑《いとま》がないこと……。

石に何らかの神秘性を認める点では、中沢新一も仲間に加えねばならない。『チベットのモーツァルト』所収のエッセイ「丸石の教え」は、古来石に託された大きな力の因って来たるところを説明して興味深い。中沢によればそれは、石が「越境する存在」だからである。「地上と地下」「日常と異界」「生物と無生物」、もっと神話的なレベルでは「現世と冥界」「生者と死者」「現在と過去」、そして「心のなかで意識と無意識との閾《しきい》＝境を越え出ていく力」を石は持つのである。

中沢の考えが正しいとするなら、聖堂が石造であることには格別の意味があるだろう。聖堂とはほかならず現世から神の世界への、「越境」の場なのであるから。

カトリックの聖堂に話を戻せば、けっして堅いばかりが石の特性ではない。階段も柱も聖像も、数百年ものあいだ人々の手足に触れて、事実、柔らかく丸みをおびていることはよくある。その彫像にしても、衣服の細部や髪の毛にいたるまで綿密・精緻に刻まれた様子は、ときとして実物と見まがう。

前著『プルースト 感覚の織りなす世界』でも調べたが、大作『失われた時を求めて』でプルーストの描く聖堂はしばしば、柔らかく体内に溶け込む食品に近い。コンブレーのサン゠チレール聖堂の摩滅した墓石が外側にまで蜜のように流れ出していたり、日光を浴びるその鐘塔が祝別を受けた大きな丸型パンであったり。作中で重要な意味を担うヴェネツィアのサン゠マルコ洗礼堂にいたっては、語り手の目に建物の全体がまるで柔軟で心地よい、巨大な蜜蝋を素材としてできているように映じるのだ。

世俗の世界を含めて、無機物の石が硬さを失い、生物ばかりか人間とさえ対等の存在になる例は、先ほどの澁澤のエッセイにも、種村季弘の興味深い著作『不思議な石のはなし』にも数多く出る。動き出す石はおろか、子を産む石も、恋する石も、媚薬となり得る石まである。かかわり方しだいで、石は驚くほど可塑的な、柔軟な存在でもあり得るのだ。

中世の神秘家として誰もが名前を出すビンゲンの聖女ヒルデガルトは、自然科学の研究でも名高い。彼女が鉱物の治療的効果を信じたいくつかの例は、種村の著書でふれられる。始原の汚れなき力を保持しつづけている石の治癒力に、彼女は期待をかけたのであった。

物理的に堅固なものが、想像力を通せば柔らかさとして意識される。聖堂の石がこのような両面を持つとすれば、これは信者からみての、絶対者のありようを物語らないだろうか。一方では始原から続く永遠の存在として、不動にして妥協を許さない神と、もう一方で慈愛に満ちて、蜜のように柔軟にして美味、さながら食品となって体内に浸透する神。石は両様のシンボルであることができる。

そして石造の聖堂のなかでは、パンとぶどう酒に化身した絶対者を体内に迎える、まさにミサ聖祭の儀式が営まれるのだ。

鐘、聖化された音

ジョルジュ・ロデンバックの『死都ブリュージュ』には、灰色の霧に包まれた運河の町ブリュージュに響く、静かな鐘の音の情趣豊かな描写がある。鐘の音までが同じく灰色のざわめきとなり、「ふわりと腫れて空中に溶けると（……）運河の水の上を流れ、跳びはね、波打って行く」（田辺保訳）。この古く侘しい町のなかでは、年老いた修道院の鐘もまたすっかり衰え、病弱で、松葉杖をついた老婆とも感じられるのだ。

鐘楼に設置された鐘はその聖堂にとっても、周囲の地域住民にとっても、宣教上、生活上、無くてはならぬ重要性をおびる。ユイスマンスのいうように、それは「さながら魂の土壌に種子を播くように、鐘の音《ね》の夥《おびただ》しい音譜を撒き散らし、キリスト教徒たちに空からの宣教を行なう」（『大伽藍』出口裕弘訳）。同じ著者の『彼方』に出るパリのサン・シュルピス聖堂の鐘撞き男の言葉でいえば、「鐘は教会の伝令者だ。司祭が内部の声なら、鐘は外部の声だ」。ついでながら、彼はとことん鐘に憑かれた、鐘の申し子のような男である。彼にとって鐘は、可愛くてならない、まるで「娘のような」存在である。柱のあいだの柵に吊るした沢山の小さな鐘をいじりながら、彼は「実際、鐘こそキリスト教のほんとの音楽なんです」（田辺貞之助訳）とつぶやくのだ。

『大伽藍』によれば「鐘の金属としての硬さを説教者の強い気分」に喩えた象徴学者もいるという。彼が続けて説くのに、「縁にぶつかる鐘の舌は、他人の欠点をあげつらう前にまず己れ自身を打たねばならぬ、己れ自身の悪徳を矯正せねばならぬということを説教者に知らしめる効用を持つ」。鐘の内面を両側にわたって打つ舌は新約・旧約、二つの聖書の真なることを告げるのだという解釈もある。いったん宗教がかかわると、どんな些少な事物にも重い意味が加わるものだ。

鐘の象徴的な働きに深く立ち入らないまでも、高くそびえる鐘塔が光に向かっての飛躍や上昇を想起させ、容易に祈りと結びつくことは理解しやすい。神に捧げるためにも、神を目指して進むためにも、古来人類は塔を建設してやまなかったのである。

「感性の歴史家」アラン・コルバンの『音の風景』（原題は『大地の鐘――十九世紀の田園地帯における音の風景と感性の文化』）は、地域住民にとって鐘の果たす役割を詳しく調べ上げた大著である。鐘は鋳造が終わるとすぐ人間なら洗礼に相当する祝別の儀式を受け、聖なる物体として扱われた。その際、「パリ女ウージェニー」とか「ギヨーム＝エティエンヌ」などと命名されることも珍しくなく、人々の愛着を一身に受けて地域の生活に溶け込んでいったという。

マーシャル・マクルーハンは、第6章で詳しく取り上げる『メディア論』で時計を論じながら、「中世を通じて、鐘によって拡張された共同体の時計を用いて、小さな共同体群のエネルギーを高度に整合させることができた」（栗原・河本訳）と書く。

鐘は村や町の住民の誇りとするところであったから、これの管理や使用をめぐって争いが絶えなかったのも無理はない。「鐘の音とともに」埋葬されることには当人と遺族の名誉がかかっているのであった。「鐘の使用を統括すること、鐘楼の鍵を所有すること、鐘の綱に近づけることは、市町村という小宇宙を揺さぶる権力闘争において、重大な争点になるのである」（小倉孝誠訳）

コルバンの語る鐘のさまざまの機能のなかでも、これが住民にとって保護や治癒の神秘な力を保有していたことは、当然ながら注意してよい。先にみたサン・シュルピス聖堂の鐘撞き男は、睡眠中に鐘の揺れるのを見たものは不慮の災難にあうといったたぐいの、言い伝えの数々を語る。同様にコルバンもまた、天候の変化や作物の結実、さらには病気の治癒にまで鐘の音が有効だとの、住民たちの信念を列挙している。一八七〇年にいたるまでモーゼル県の住民は、鐘には雷雨から守ってくれる力があると信じていたという。民衆の感じ方において、鐘の音にはしばしば祈りと同等の功徳があった。悪魔は鐘が大嫌いなのであった。

第2章で、「叩く」音の持つ特別な意味について言及した。小型の鐘というべき鈴にも、招魂とか鎮魂とかの呪術性が備わっているという（白洲正子『西行』）。鐘であれ鈴であれ、あるリズムをもって音を出すことには、超絶的な世界に通じる何かが宿っているのであろうか。

香、言葉なき浸透

カトリック教会で、各種の典礼にあたって香が焚かれてきたことはよく知られている。一〇年ほど前に出版された『新カトリック大事典』には「現在のミサでは香の使用は自由」と書かれているから、この習慣は衰微に向かっているのであろう。だが、一九八二年刊行の『現代カトリック事典』は香の目的を次のように規定している。「祝別された香は象徴的準秘跡である。香をたくことは熱意を示し、その芳香は徳を、立ちのぼる煙は祈りが神にまで昇ることを示す」

香を用いることが仏教で今なお盛んなのは言うまでもない。匂いの働きを多面的に論じたアニック・ル・ゲレの『匂いの魔力』には、エジプトやアステカ文明の遠い昔に及んで、宗教的な祭儀と芳香とが切っても切れない関係にあったことが詳しく述べられている。

古代ギリシアでの香気の意味についてなら、マルセル・ドゥティエンヌの『アドニスの園　ギリシアの香料神話』が興味深い。当時、香気が神への供物であり、祭壇で焚く香料の匂いが人間と神とをつなぐ垂直の通路をなしていたのである。「よい匂いは神々に特有のものであり、その超自然的な条件のしるしなのである」（小苅・鵜沢訳）

宗教にからんで、なぜ香がこれほど多用されるのか。ル・ゲレは、匂いと魂の類似にその源があるというローマの哲人ルクレティウスの言葉を引く。どちらも微小な原子から成り、肉体という容器からの魂の離脱は匂いの発散のプロセスと似ているというのだ。確かに、魂《アニマ》は語源的に「気息」を意味する。また、万物が固体、液体を経て最後に行き着く姿は気体である。空気と一体となった匂いには、生々しい物質性から解き放たれた、もはや腐敗することのない純粋かつ永遠なもののイメージが宿るのだとも考えられる。さらに、多少の詭弁をあえてすれば、空気とともにある匂いは、一見そこに無いかに思えつつ確固とした存在感を保つ。この点、神の存在の仕方に等しいのだ。

キリスト教の内部で、信者たちに最も愛好されてきたのは乳香である。聖書によれば、イエスの誕生にあたって、東方三博士が黄金、没薬《もつやく》とともに持ち来たったのがこの香料である。黄金には現世の王、没薬には人を病から救う医師の意味が託され、乳香には神の寓意がこもる。篠田節子『ホーラ（死都）』に登場する敬虔なギリシア人女性は、不安に苦しむ日本人の旅行者に乳香を嗅ぐことを薦める。その香りは天使の羽ばたきであり、それはこの世のあらゆる汚れを払ってくれるのだと彼女は励ます。

前章で、幻覚剤と宗教との強い絆について論じた。いわゆる宗教体験のうちのある部分は、かなりの確度でサイケデリック体験そのものとみなし得るとの見解にもふれた。数ある種類のなかでも、乳香は主に東アフリカに生えるカンラン科の樹木から採取され、その香煙はほのかな甘さとともに、軽いめまいを伴った恍惚感をもたらすという。香料の奥深い薫りにもまた、幻覚剤に似て、言葉にまさり理屈を超えた、何か逆らいがたい説得力がこもる。私たちの心を鷲づかみにするのに似た香料は、ときに触覚と同様の働きを務めるのだ。

宗教もまた人の心に圧力を加え、言葉では伝えにくく、気分としか言いようのないある境地を味得させる。この意味でも、香気と信仰は手を結ぶ可能性を持つだろう。第2章で私たちは、中沢新一の『チベットのモーツァルト』によって、仏教の浄土に流れる音の多くが「叩く」音であることを知った。中沢が続けていうのに、その「音」には「微細で、柔らかくみやびな香気がただよっている」のである。

芳香と聖性との関係についてなら、さらにユイスマンスに拠るのが適当であろう。邦訳題名を「腐爛の華」という彼の著書『スヒーダムの聖女リドヴィナ』は、十四世紀から十五世紀にかけてオランダで生きたこの聖女の凄惨な生涯をつぶさに語る。彼女はほとんど全身をむごたらしい膿瘍に侵されたまま、三八年間に及んで病床にあった。あちこち寄生虫が群がり、ほとんど残骸と化した肉体に苦しみながらも、彼女はこれを甘受し、苦しみこそ神に近づく方途だと信じることをやめなかった。

生前すでに、彼女の傷口からは得も言われぬ清純かつ高貴な香りが立ち昇っていた。死が近づくにつれ、その馥郁たる香気は部屋を離れて、町中に漂い出たといわれる。その香りは固形の食物に匹敵するくらい濃厚かつ豊潤、近くの住民は数日間、他の食品を必要としないくらいであったという。

彼女のような聖人や福者はさして珍しくないらしく、作者ユイスマンスはこの本の第一五章に、「傷口が香炉となって嗅覚に働きかけただけでなく、その香りによって魂をも聖化した」（田辺貞之助訳）人たち七人のリストを掲げる。

少し観点を変えるなら、正視できないほどの惨苦を神の恵みとして受け入れた生き方そのものが、すでに彼らの「勲章」だともいえる。彼らはさらにそれを芳香で飾ったことになる。

スヒーダムの聖女リドヴィナの死去から三百年あまり後、フランス生まれのブノワ＝ジョゼフ・ラーブルが聖人に挙げられた。彼は列聖に際して、詩人ヴェルレーヌから熱烈な敬愛の詩「聖ブノワ＝ジョゼフ・ラーブル」（一八八四）を捧げられたことでも知られるが、「赤貧」こそ人間本来の姿だと信じつづけた人物である。彼は生涯を通じて放浪を重ね、ただただ不潔と悪臭と無所有のなかで生きた[1]。富者と貧者、健常者と障害者、美と醜、おとなと幼児、賢者と愚者……。信仰の世界では、すべてに逆転が可能である。悪臭もまた、芳香と並んで聖性のシンボルとなり得るのだ[2]。

「神秘」としての共感覚

これまでみてきた「石」「鐘」「香」の三つに付与されたイメージ群は、全部が全部共感覚そのものの概念にはそぐわないかもしれない。硬い石が軟化するのは同じ触覚内の出来事である。鐘の音、香の香りが聴覚、嗅覚以外の他の感覚を呼び出すケースは、私たちがみてきた限りでそれほど多くない。

しかし、これらが信者たちの心を揺さぶるシンボル的な効果には並々ならぬものがあるだろう。宗教的なメッセージには、死後の救済という大問題がかかわる。それだけに、石などというそれ自体身近な対象でさえ強く想像力を掻き立て、中味の濃い意味作用を振るう。ボードレールは詩篇「香水壜」でうたった。

どんな物質でも多孔質にしてしまうような
強い香りがあるものだ。ガラスさえ貫くほどの。

ガラスさえ貫くのは香りばかりではない。鐘の音も石壁や列柱の手触りも聖堂の一部分をなし、これらすべてが互いに入り混じって、不可視の「信仰」を感覚を通して実感させるのだ。感覚を土台とし、強い発信力で心に呼び覚まされる、このような分厚い意味の束も、共感覚のありようにごく近いといえよう。

十八世紀の哲学者コンディヤックは、快不快を含む感覚作用がすべての精神活動の根源にあると考えた。「判断、反省、情念、一言でいえば魂のすべての作用は、さまざまに変形された感覚そのものに他ならぬ」(加藤・三宅訳)と彼は言う。

自己の運命や生死について思いをめぐらすという、いわば高度な精神の働きも、かなりの程度、感覚作用に支えられて機能するのだ。これらの感覚の働きの多くが動物たちに共通するにもせよ、あるいは共通するからこそ。感覚だけで生きているかに思える生きものたちにおいても、自己と種族の保全をめぐるかなり高度の「思考」が働いていることを、これまでの動物観察は教える。

共感覚を宗教にからめて理解することには批判もあるだろう。日常頻繁に用いられる、単なる知覚としてこれを捉えることは十分に可能だし、これは科学的な研究の対象にもなる。世の中には少数ながら、持って生まれた能力として同時に二つ以上の感覚を発動させる人々もいるのだ。

とはいえ、色とか音とか、人間がふだん別個だと感じているもの同士の結合が、ある種の神秘感を誘っても不思議ではない。複数感覚の合致からは、私たちの心に、限定できない広大な空間が開けるだろう。発生的に、感覚間の融合が宗教感情の萌芽と並んで人類の古層に位置することは第1章でみた。また前章で論じ、先ほども少しふれたように、それは夢とも幻覚とも近い関係に立ち、精神活動に及ぼす幻覚剤の効果は宗教のそれに酷似するのであった。

さらに次章で、宗教とけっして無縁ではない「万物照応」の思想を問題にする。「地上に存在する万物のあいだに多少とも対応関係が成り立つとみなす立場」からすれば、五感相互の交流はその格好の一例となるのだ。

第3章の始めの方では、ジュリアン・グリーンの『日記』から彼の共感覚体験の記述を引いた。長椅子でうたた寝していると、家中の物音が何やら液状のものに変容するというのであった。

グリーン研究家のアネット・タミュリーは『現象学的アプローチ』との副題を持つ『ジュリアン・グリーン、現実的なものの探求』でこの箇所を取り上げ、もっぱら神秘的な着色を施す。「グリーンが共感覚のなかに認めるのは、一個の美学的な可能性である以上に、もう一つの現実の啓示なのだ」と彼女はいい、これを日常現実のなかでの、日常を超えた不可視なものの存在というグリーン固有の世界観と結びつける。彼女によれば、このような「諸感覚の融合を通じて」、「眼に見えないものの世界が私たちに合図を送っている」ことになるのだ。
ボードレールの詩篇についていうなら、「前世」「夕暮の諧調」「香水壜」のような共感覚的感性を湛えた作品が、同時に何らかの宗教的な言辞を伴っていることは注意されてよい。「音と香りが夕方の空気のなかに渦を巻く」というその空が「大きな祭壇のように物悲しくも美しい」（「夕暮の諧調」）というように。これまで何度か言及した「照応」がこの点、他の作品以上に検討を必要とするが、この詩についてはあらためて次章で考えることにしたい。

共感覚の神秘的・超常的な理解となれば、第3章でふれた藤崎慎吾の大部な伝奇小説『ハイドゥナン』を再度取り上げないわけにはいかない。これは一種の空想科学小説であって、心霊現象一般にまで及ぶもろもろの超能力を最新の先端科学に生かそうとする試みが主たるテーマである。

この小説で、他の超常的な能力にもまして大きな期待が託されるのが共感覚である。万物のカテゴリーを超えて知覚の範囲を広げる、そんな共感覚の可能性をもってすれば、岩石の声を聴き、草木と対話を交えることもけっして夢ではない。事実ここでは、主人公の共感覚者が存分に力量を発揮する。彼がいうのに、物質文明の破綻が叫ばれるなかで、「共感覚者の増加と傾向を同じくして新興宗教もブームとなりつつ」あり、「人類の危機が霊的能力者や共感覚者の増加に関係がある」のである。

共感覚に現代文明を救う力があるのかどうかは別として、共感覚者が未来予知とか既視感《デジャヴュ》とか、ふつう異常とされる体験とけっして無縁でないことは、シトーウィック（A）の研究でわかる。彼は身辺の共感覚者たちの調査にもとづき、彼らの多くが予知夢や既視感を経験したことを明らかにする。なかには、「自己幻視」として外から自分の身体を眺めた人も、念力のせいかどうか物体がひとりでに動き出すのを見た人もいる。ある女性など、色のついた小滴のようなものが身のまわりを飛び交い、自分の仕事を助けてくれたと語りさえする。彼女はそれを自分の「天使」と呼んでいたのだった。

断るまでもないが、シトーウィックとはれっきとした心理学者であり、これは研究者向けの専門書である。

アナロジー思考の宗教性

レトリックのパターンとして考えるなら、共感覚は「隠喩」すなわち意味の置き換えの一環をなす。ある音を赤と捉えるのは、誰かをイヌを呼ぶのと基本的に同じであるから。この点、共感覚はまた「象徴」とも類縁をなす。石を蜜と感じるのは感覚レベルの出来事だが、この転置に神の愛を認めるのは象徴の働きである。

これまで、共感覚のなかにどれほど宗教的・神秘的な部分が加わるかを考えてきたが、事柄をさらに広げて、隠喩やシンボルを含むアナロジー思考一般を考慮に入れることもできるだろう。

神を信じる側からいえば、アナロジー的な発想とは、創造主が一つ一つに名前をつけ、かくあれかしと作り出した万物のカテゴリーを、人間の身で意図的に組み替えることにほかならない。「人間はアナロジーによって多かれ少なかれ神の行為をする」といったのは、のちにエリファス・レヴィを名乗る神秘思想家コンスタン神父である（澁澤龍彦『悪魔のいる文学史』）。

ボードレールはテオフィル・ゴーチエを論じた二つのエッセイの一つ（一八五九）で、彼が「宇宙の照応や象徴体系についての広大な、生まれつきの理解と、あらゆる隠喩の宝庫を備えていること」（強調は原著者）を称えたあとで、さらに言葉を遣うこと自体が神の塁を摩する、どんなに重大な行為であるかに注意を促す。

「単語のなか、み言葉のなかには、行き当たりばったりの勝負をすることを禁じる何かしら神聖なものがある。一つの言語を巧妙に操るとは、神を呼び出す一種の妖術を行なうことに等しいのだ。そのとき色彩は、深い、よく響く声のように語りかけ、大建造物は聳え立って、深い空間の上に突出し、（……）香りはそれに対応する思考と思い出を呼び起こす（……）」（強調は原著者）

古代の日本に「言霊《ことだま》」という思想があったことを思い合わせてよく、「ヨハネによる福音書」冒頭の有名な言葉もまた念頭に浮かぶ。「初めに言《ことば》があった。言は神と共にあった。言は神であった」「万物は言によって成った。成ったもので、言によらずに成ったものは何一つなかった」。表現方法の種類や巧拙にかかわらず、言葉は人間を成り立たせる根本にある。日々言葉を用いることによって、私たちは知らず知らず創造主の業《わざ》に参入するのであろう。

だとすれば、エリファス・レヴィの言葉のように、隠喩的な表現に訴えることが瀆聖の危うさと境を接する反面、そのことで創造世界の美しさに心を打たれるという道筋も当然に開ける。ジャン・ムートンの『プルースト』には、「根本的には、人は隠喩を使い始めれば、行く行くは神を信じるに到ることもあり得る」という、イギリスの批評家ジョン・ウエイトマンの言葉が引用されている。

瀆聖であれ、賛美であれ、アナロジー表現には、私たちを原初の創造と直接向き合わせる働きがあるのだといえるだろう。

オリヴィエ・メシアンについて

音楽が宗教と深い関係でつながれることは、第2章で少しふれた。両者の共通項の一つを「無限」に求めることは許されるだろう。宗教感情が無限なものへの志向から成り立つのはいうまでもなく、これも第2章でみたが、ホフマンのように音楽の本質が「無限」にあるとみなした人もいる。

プルーストは若いころの手紙で、「音楽の本質は、私たちのうちに自らの神秘な奥底を目覚めさせるところにある」と書く。文学や絵画が用いる限定された表現手段では達し得ないこんな測り知れない奥底こそ「宗教的」の名に値する、と彼は言うのだ。ボードレールはもっと簡潔に「音楽は天をうがつ」(「火箭」)と言い切る。

無限なものへの志向といえば、共感覚も同様の傾向を持つ。知覚の豊饒さを目指して、それは五感の制約のあえて外側に出ようとするからだ。これまでみてきたように、音楽が他の感覚への訴えを多分に持ち、宗教もまた感覚相互の融合と無関係ではない。とすれば、これら三者の絆はなおのこと緊密ということになるだろう。

今までにも参照する機会のあったホフマンの『クライスレリアーナ』は、音楽への深い愛情と結びついた高度の宗教感情で私たちの心を打つ。低俗な音楽の不純な調子のなかからも「多少であれ天使のハーモニーが聞こえてくる」とも、野卑な楽曲に見苦しく興じているさなかであっても「たった一つの音がおごそかに灼熱して（……）、私は敬虔で善良で忍耐強い人間になるのだ」とも、主人公は語るのである。

「濃い赤色の撫子の香りが、奇妙な魔法めいた力で」働きかけてくるといった、主人公クライスラーの共感覚体験についてはこれまでにふれた。彼にとって音楽家とは、日々体験する事柄が音として意識される人間を指す。そして彼は「音楽家が、自分にとっては色も香りも光も、音として現われ、それらが錯綜する中に、不思議な調和がみえてくると言うとき、それは決して空疎な比喩や寓意ではない」と書き記すのである。『クライスレリアーナ』では音楽と共感覚との連関に加えて、宗教感情にごく近い不可視の現実という主題もまた混和していることがわかる。

『クライスレリアーナ』には、非業の死を遂げた娘をめぐる美しい物語が含まれている。彼女が無残に殺されて大きな石の下に埋められたあと、その血痕が赤い条紋となって石の表面に残る。見る人の目に、その血痕は深紅のカーネーションのように上に伸び、芳香を放つ明るく鳴り響く光に変わったかと思うと、素晴らしい女性の姿をとる。彼女はやがて、この世のものとも思えない美しい音楽となっていくのだ。

しかし、音楽家にして敬虔なカトリック信者、かつ感覚転移とも縁が深い――こんな人物となれば、どうしてもオリヴィエ・メシアンの名を挙げないわけにはいかない。

一九八五年、第一回の京都賞を受け、それに先立つ一九六二年に、日本での印象をもとに組曲『七つの俳諧』を発表したことでも、彼は私たちに近い。だが、メシアンの本領はカトリック信仰の神秘について深く瞑想を凝らすところにある。一九八三年には、多年にわたる信仰の証として、制作に八年を要した大作オペラ『アシジの聖フランチェスコ』を世に問うた。

作曲活動の全期間を通じて、彼が音楽による色彩の表出に力を注いだことはよく知られている。「私は実際には色彩を音楽に翻訳しようとしているのです」（クロード・サミュエルとの対談『メシアン その音楽的宇宙』戸田邦雄訳）と彼は語り、別のインタビュー「私の音楽言語の技法」では「ある一定の音の複合体は、それが同一の音程にとどまっている限り、常に同一の色彩群を生み出します」（船山隆訳）と述べる。彼において、音と色とはいささかの無理もなく、必然の連関として結びつくのだ。「私の諸和音は色彩です。心のなかで色彩を発生させ、和音はこの色彩とともに進展するのです」（『メシアン その音楽的宇宙』）

シトーウィック（A）は、メシアンについて詳しく論じた。メシアンにおいては音に色彩イメージを付与することが何ら比喩でも、芸術上の恣意でもなかったと彼は言い切る。

メシアンといえば、独自の「移調の限られた旋法《モード》」を考案したことでも名高い。音階システムとして特異なばかりか、これら七種に及ぶ（実際には四種しか使用されなかったが）旋法が、それぞれ固有の色調をおびるのである。第二旋法に例をとれば、全音四つと半音四つが交互に反復されて八音で一つのオクターブを構成するこの旋法は、「ある種のスミレ色・ある種の青・そして紫がかった緋色の周辺を廻っている」（『メシアン その音楽的宇宙』）と感じられる。

この対談で、とくにお好きな色は、との質問を受けたメシアンが言下に「生来、スミレ色（紫）に傾倒しています」と答えているのは興味深い。古来、青系の色彩はカトリック世界で格別の意味をおびるからだ。メシアン自身がつづいて説明を加えるように、青と赤との混合からできる紫は、青を多く含んだフランス語でいうヒアシンス色から赤に近い緋色まで、多様な変種を持つ。

中世のカトリック象徴論では、前者が「真理への愛」、後者が「愛の真理」を表わすとされていたことも、彼が記すとおりである。「カトリシズムと自然世界の神秘論の強い影響を認めないで、メシアンの音楽を理解するのはおそらく不可能であろう」ともシトーウィック（A）は述べる。

「青」のシンボリズム

メシアンはおそらく紫色の、こんなニュアンスが気に入っていたのであろう。だが、彼はすぐカテドラルのステンドグラスに話を移し、子どものころからその色彩をどんなに愛したか、熱をこめて語る。なかでも、早く一二歳のころからシャルトルのカテドラルに親しんでいたと語るのには注意を払わずにはいられない。

シャルトルの大聖堂は今日も「青」のステンドグラスで名を馳せる。もともとステンドグラスには十二世紀以来、明るく澄んだ青が最もよく用いられるという。メシアンが愛する紫のヴァリエーションのなかでも、とりわけ青に近い紫が特別な意味をおびると考えたくなる。

「青は空の色であるところから聖なる宇宙、それを支配する神のまたはその動きを象徴する」と『新カトリック大事典』は書く。シャルトル大聖堂への尽きない思いを綴ったユイスマンスの『大伽藍』には、ステンドグラスに描かれた絵柄はむしろ従者であって、そこにきらめき溢れる青、「燦然たる、未聞の、輝く青玉（サファイア）の青、極度に明晰な、明るい鋭い青」こそが主人なのだ、との見方が延々と述べられている。

本書でこれまでに、「ブルーな気分」という場合や、宮沢賢治が用いたような憂鬱のブルーについてふれる機会があった。青色の持つ、プラス・マイナス両面の意味作用は本当に広い。一方でそれは冷たさ、未熟、沈滞、断念、喪失などの表象となる反面、もう一方では深さ、垂直性、純粋さ、献身、永遠、無垢さなどを含意する。むしろ、こんなマイナス・イメージが伏在するからこそ、もう一方が引き立つというべきかもしれない。

カトリック世界でいうなら、青は天空の女王とも呼ばれる聖母マリアの色である。そしてメシアンの愛したシャルトル大聖堂は、正式の名を「シャルトルのノートルダム」という。

しかし宗教との関連で共感覚を論じるとすれば、これを地上万物のあいだの「照応」思想の一環として捉える視点がどうしても必要となる。感覚相互間の転移や協働はそのまま、私たちの生きるこの地上世界のありようをどう解釈するか、にかかわってくるからだ。

万物の照応については、今までにも何度か言及したことがあった。次章では、包括的にその問題点を追っていくことにしたい。

第5章　「万物照応」という思想

地上的な結果はことごとくそれらの天上的な原因に結びついて生じるから、そこでは、すべてが照応し意味のあるものとなる。

（バルザック／沢崎浩平訳『セラフィタ』）

「深く、また暗黒な統一の中で」

本書ではこれまで、ボードレールの作品に頻出する共感覚表現のいくつかを取り上げてきた。『悪の華』中のソネ「照応《コレスポンダンス》」についても何度かふれたが、いうまでもなくこれはランボーの「母音」とともに、共感覚をうたった代表的な作品として人口に膾炙《かいしゃ》している。

私たちはこの詩によって、共感覚的感性に恵まれた詩人の、思想的な基盤がどんなところにあるのかをつぶさに知る。と同時に、レトリックの一技法でもある共感覚的知覚が一躍形而上的な意味をおびるのに気づかされる。「母音」がさまざまの解釈を可能にする晦渋《かいじゅう》な奥行きを含むのに反して、こちらは誰にとっても無縁でない一つの世界像を提示するのだ。あらためて全文を引用する。

〈自然〉はひとつの神殿、その生命《いのち》ある柱は、
時おり、曖昧な言葉を洩らす。
その中を歩む人間は、象徴の森を過《よぎ》り、
森は、親しい眼差しで人間を見まもる。

夜のように、光のように広々とした、
深く、また、暗黒な、ひとつの統一の中で、
遠くから混り合う長い木霊《こだま》さながら、
もろもろの香り、色、音はたがいに応《こた》え合う。

ある香りは、子供の肌のようにさわやかで、
オーボエのようにやさしく、牧場のように緑、
——またある香りは、腐敗して、豊かにも誇らかに、

無限な物とおなじひろがりをもって、

龍涎《りゅうぜん》、麝香《じゃこう》、安息香、薫香のように、

精神ともろもろの感覚との熱狂を歌う。

（阿部良雄訳）

ボードレールは「〈タンホイザー〉のパリ公演」で、この詩の冒頭二節を引用し、「神が世界は一つの入り組んだ、分割不可能な全体であると宣言した日からあと、事物はつねに相互的な類縁関係をもって自らを表現してきたのだ」と書き添えた。ヴィクトル・ユゴーもまた長詩「闇の口の語ったこと」（一八五五）で、ほぼ同じ思想をうたう。「いや、万物は声をあげ、香りを放っているのだ。／（……）神は創ったざわめきに、すべて「言葉」を交えたのだ。／万物はうめく、おまえのように。／万物はうたう、私のように。／（……）万物は魂に満ちているのだ」（辻・稲垣訳）

宗教的な要素がどの程度かかわるかは別にして、この世に存在するすべてが互いに何かの共通部分を持ち、全体として巨大な一者に還元されるという「万物照応」の思想は、それ自体さして目新しいものではない。しかし十九世紀初頭、ロマン主義運動の開始とともに、これに関心を抱く作家・思想家たちが相次いで舞台に立つ。

ボードレールはポーの短篇「催眠術の啓示」を論じたエッセイ（一八四八）で、「動物の統一性、流体の統一性、第一質料の統一性」を扱った作家たちの一人としてバルザックを挙げる。彼がいうのに、その『ルイ・ランベール』や『セラフィタ』は「スウェーデンボリ、メスメル、マラ、ゲーテ、ジョフロワ・サン＝ティレールから引き出したさまざまの観念を統一的かつ決定的なシステムに融合しようと試みた」ものだということになる。ここに列挙されたのは、あるいは汎神論的・神秘主義的に、あるいは科学的な合理性を意図しながら、自然の一元性を追求した人たちである。

だが当のボードレールもまた、詩篇「照応」を作り上げるうえで、多くの作家・思想家たちの感化を受けたことが今日確かめられている。彼が当時影響力の強かった神秘家スウェーデンボリに傾倒したのはバルザックと同じだが、いわゆる空想的社会主義者シャルル・フーリエ、共和主義者アルフォンス・エスキロス、神学者サン＝マルタンなどの名前をここに加えることができ、次項で取り上げるネルヴァルの「黄金詩篇」（一八四五）も彼はきっと読んでいただろうといわれる。

なかでも、アルフォンス＝ルイ・コンスタン神父の、その名も「照応《コレスポンダンス》」（一八四四）という詩篇は、一八五五年ごろに作られたとされるボードレールの「照応」をまるで予告するかのような詩境を繰り広げる。前章でも名前を出したが、コンスタン神父とは、のちに『高等魔術の教理と祭儀』を著す神秘思想家エリファス・レヴィの前身にほかならない。

> 目に見える言葉で形づくられた
> この世は、神の夢だ。
> 神の言葉はこの世の象徴をいくつも選び、
> 精霊がそれらを、自らの火で満たすのだ。（中略）

預言者たちは、ここから言葉を読み取る。
そして、眼を見開いた者たちなら誰でも、
自分たち自身が解釈者となるのだ、
この宇宙の謎が何であるかの。（後略）

追々みていくように、「万物照応」のテーマはその後十九世紀フランスのほぼ全体を通じて人々の心を捉えつづけるばかりか、今日の私たちにも多分に訴えるものを持つ。問題性においても、関連する分野の広さにおいても、無視できない世界観だと考えてよいだろう。

一口に「照応」思想といっても、宗教性や科学的発想の度合いばかりか、とりわけ万物のなかでの人間の地位について、一様でないのはいうまでもない。詩篇「闇の口の語ったこと」でみる限り、ボードレールや次項で調べるネルヴァルの詩に比べて、ユゴーのほうが他の被造物に対する人間の本来的な優位が強調されているとの印象を受ける。その分、人間に内在する悪と転落への危険に対してより敏感なように感じられるのだが。

二つの「黄金詩篇」

「照応」の観念が人類の歴史上どんなに古くから存在するか、古代ギリシアに眼を転じてみよう。

井筒俊彦の『神秘哲学』第一部によれば、早く「万物は神々に満ちている」というターレスの言葉がアリストテレスによって伝えられているという。前五世紀ごろの詩人クセノファノスは、宇宙の「全体が視、全体が識り、全体が聞く」とみなした。ほぼ同時代のアテナイの風刺家ティモンが言うのに、「わしが、どっちの方へ心《ノオス》を向けて見てもな、みんな／同じ全一のなかに消融してしまうのじゃ。そしてあらゆるものは／どんなふうに動かして見ても結局、同じ一つの自然に来てしまうのじゃ」。

実際、井筒俊彦の本を読んでいると、超絶的な「全一」を信じる「万物一如」の哲理はギリシア思想の看過し得ない一角を占めると感じられる。ゲーテはエッカーマンとの対話で「気層に囲繞された地球は、私には譬えば一つの巨大なる生きもの、永遠に吸気し呼気しつつある生物と思われる」(一八二七年四月一一日)と語ったが、宇宙呼吸説はすでにピュタゴラス一派の特徴的な宇宙観なのであった。

ピュタゴラスといえば、第3章でふれたジェラール・ド・ネルヴァルに「黄金詩篇」という名のソネがある。「何だ！　全てに感覚がある！　ピュタゴラス」とのエピグラフを冒頭に置いているのをみても、ピュタゴラスの作とされる同名の詩篇が彼の念頭にあったのは疑う余地がない。この詩も全文を掲げる。

人間、自由思想家よ！　お前は自分だけが考えると思うのか、生命があらゆるものに輝いている、この世界の中で?
お前の持つ力を、お前の自由は勝手に扱う、
然し、お前のあらゆる意見に、宇宙は耳をかさぬ。

獣の中に、うごめく精神を尊重せよ。
一つびとつの花が、現れ出た自然の魂なのだ。
愛の神秘は、金属の中に息う。
「全てに感覚がある!」そして全てはお前の上に力を及ぼす。

盲いた壁の中に、お前を覗う視線を恐れよ。
物質にさえも、言葉は与えられている……
不敬な事に、それを使うな!

しばしば暗い存在の中に、匿された神が住む。
そして瞼に覆われた眼が生れ出るように、
清らかな精神は、石の殻の下に育つ!

(中村・入沢訳)

研究者たちの綿密な調査のおかげで、この詩をめぐる事情はずいぶんと解明されている。ピュタゴラスの長詩「黄金詩篇」は一八一三年、ファーブル・ドリヴェ[1]によってフランス語に移されているし、「全てに感覚がある！」とのエピグラフは、一七七七年刊行のドリール・ド・サルの著書『自然の哲学』第二巻の次の箇所からとられているという。「何だ！ とピュタゴラスは叫ぶ。（……）全てに感覚がある。植物にも感覚がある。一本の樹木にも感覚器官が具わっている。すべては生き、すべては自分を養っているのだ。自然は一つの法則しか持たない。人は自然を陵辱することなしには、どんな存在をも傷つけることはできない[2]」

ピュタゴラスの長詩「黄金詩篇」は日本語訳のあるヘニンガー『天球の音楽・ピュタゴラス宇宙論とルネサンス詩学』に全文が掲載されているが、一種の人生論、道徳哲学を説くものであって、必ずしもネルヴァルの詩篇から連想されるような内容ではない。だが、「神と人間について、あるいはまた拡張され、抑制された／自然がどのようにして一様に連繋しているかについて」知識を広げよと教えている箇所も、「人は元々天上の種族である」（山田・吉川ほか訳）と言い切っているところもある。こんな言葉に、ネルヴァルはさぞ共鳴し勇気づけられただろうと思いたくなる。

もともと謎めいたところが多く、何も著書を残さなかったのがピュタゴラスである。「黄金詩篇」もきっと後世に編まれた作品だと推定される。だがこれは、ヘニンガーによれば、直接彼に結びつく最も有力な文書である。

ネルヴァルの「黄金詩篇」の基調をなすアニミズムの世界観は、ピュタゴラスにもふんだんにあった。ネルヴァルが強く信じた輪廻転生の思想は、まさにピュタゴラス一派の宗教観の根底をなしていた。文言こそ異なっていても、二つの「黄金詩篇」の背後には共通の土壌が広がる。十九世紀フランスの詩人と、古代ギリシアの哲人とを結ぶ絆はなかなかに太いのである。

「万物照応」と共感覚

ボードレールのソネ「照応」に話を戻せば、ジョルジュ・ブランはこの詩の構成にふれて、最初の一節とそれに続く三節とを区別する必要があると説いた。（阿部・及川訳『ボードレール』）。第一節が万物照応そのものをうたうのに反して、二節以下は「五感の相互転換性」を扱い、そのことが「万物照応の特殊な一位相として提出」されているというのだ。

ブランが論じるところでは、「五感の相互転換性」すなわち共感覚は「価値を介入させることなく、ちょうどエネルギーの変換によるようにして、水平方向に一元性を立て直す」。それに対して、万物照応は「象徴関係《サンボリスム》による連関」として、「〈地〉から〈天〉へと垂直的に」「階層関係《イエラルシー》にしたがって」行なわれ、「見えないものを見えるものに結びつけ直す」のだ。

詩篇「照応」で行なわれる「水平的照応」（共感覚）と「垂直的照応」（万物照応）との対比と並立は、ブランとほとんど同じ論旨に沿って、アンリ・ペールの『象徴主義文学』（堀田・岡川訳）でも論じられる。

事実、万物照応という思想は共感覚とのペアーで論じられることが多い。地上に存在するすべてが相互に対応するという立場からみて、五感相互の重なりは手近に存在する、好個の例証となり得るのだろう。逆に、共感覚はこのことによって、ごく卑近な、それなくしては生命維持さえ不可能な日々の感覚作用を、広大な、ほとんど宇宙的な次元にまで引き上げるのである。

人間が「精神」と「物質」の二つから成り立っているとして、感覚作用はちょうどその両者を接合する働きを務める。先ほど取り上げたネルヴァルの「黄金詩篇」においても、地上の森羅万象が生命を持つという事実が「全てに感覚がある」ことをもって主張される。そして、「(視像としての)物質が言葉を発し、(見たところ)獣に過ぎない存在に精神が宿る」という発想は、「(目で見た)色彩が声を上げる」という共感覚的な感じ方と基本的に等価であろう。ネルヴァルがもともと共感覚的感性を豊かに具えた詩人であったことは、第3章で調べた。

バルザックが『ルイ・ランベール』で、動物界であれ植物界であれ、地上のすべてが「天上」に存在するある「実体」の変形にほかならないことを論じたあと、ただちに感覚作用の相互連関に言い及んだのを思い合わせてもよい。「音、色、香り、形という、人間とのかかわりにおける物質の四つの現われ方は同一の起源をもつ」(水野亮訳)

つまるところ、共感覚的な世界認識が万物照応の一環をなすものにほかならないことを、見事な言葉遣いで、説得的に歌い上げたところに、ボードレールの作品「照応」の意義があると考えてよい。周知のように、感覚相互の転移はその後、象徴主義の理論的な基礎として多くの詩人たちの活動を支える。感覚レベルの出来事であっても、これが万物のあいだの呼応あるいは統一という高次の形而上的な意味を持ち得ること。事物のあいだの共通部分に関心を抱いた象徴派詩人たちとして、これは貴重な示唆なのであった。共感覚表現が、措辞の持つ暗示的な効果や、詩句にこめられた神秘という点においても、象徴主義の要請に応えることを併せて指摘しなければならないけれども。

ギー・ミショーが編纂したアンソロジー『象徴主義の理論・資料』のなかに、十九世紀の終りごろに活躍した批評家エルネスト・レイノーの一文が掲載されている。彼が共感覚を論じていうのに、「〈美〉は〈統一性〉の変種であるから、一つの詩は、力強い統一に基づく美的感動を与える動機を数多く提供すればするほど、追求すべき理想に近づくことになるのだ」（強調は原著者）。ここでいう「統一」が、事物のあいだでの照応を指すのはいうまでもない。

私たちはこれから、共感覚の基盤となる万物照応という思想が、今日までどのような思想家によって、どのような問題意識とともに担われてきたのか、少し見渡していくことにしたい。

スウェーデンボリ、「天界」と人間

ボードレールは作品のあちこちで（とりわけ「ヴィクトル・ユゴー」論で）スウェーデンボリへの共感の念を披瀝する。バルザックは『ルイ・ランベール』でこのスウェーデンの神秘家を論じたばかりか、『セラフィタ』では作中人物にその思想の概要を長々と語らせている。ゲーテ、ホフマン、ネルヴァルも含めて、スウェーデンボリ（「スウェーデンボルグ」と表記されることもある）の足跡は、十九世紀の作家・詩人たちのあいだで広くまた深い。

アリスティッド・マリーの論じるところでは、スウェーデンボリの思想を多分に吸収しながらも、バルザックが持ち前の頑健さでバランスを保ち得たのに反して、繊細なネルヴァルはついにそこから回復できない。彼はますます神秘の淵に身を沈めていくことになるのだ。

スウェーデンボリが考える骨子は、端的に『天界と地獄』（一七五八、長島達也訳）にある「天界の〈すべてのもの〉と、人間の〈すべてのもの〉とのあいだには相応《コレスポンデンティア》がある」（一二章）という言葉によく示されている。前項で引用したバルザック『ルイ・ランベール』の一節のように、「地上のすべてが〈天上〉に存在するある〈実体〉の〈変形〉にほかならない」し、『セラフィタ』の語り手の言葉で言い直せば、地上では「もう〈物質〉などなくなる」のであって、「あらゆる形は〈神の霊〉が隠れているヴェール」（沢崎浩平訳）だということになる。

確かに、「天界は上にあるだけでなく、下にもある」（六六節）とみなすところに、スウェーデンボリの宇宙観の根幹がある。「人間には、霊の世界と自然の世界が共存している」（九〇）のである。さらに、彼においては、地上が天界を反映するとともに、天界もまた地上をかたどって成り立つ。「天界全体は、ひとりの人間になっている」。第八章のタイトルともなるこの一文は、ボードレールが「ヴィクトル・ユゴー」（一八六一）で感動をもって引用し、ジュリアン・グリーンが驚喜した（『日記』一九五九年二月一九日）有名な言葉である。天界は人間から隔絶した高みに存在するのではなく、天と地のあいだには「相応」が介在して、相互の橋渡しを勤めるというのだ。魂の「純粋さ、誠意、生得的な洞察力」のあるところ、秘められた「象徴」はもう難解ではなくなるのだ、とボードレールはスウェーデンボリを称える。

天上を（したがって地上を）「ひとりの人間」と規定することによって、彼の考える「相応」は天上・地上間だけでなく、天上との連関を保ちながら、人間を含む地上に存在する事物すべてのあいだでも行なわれることになる。これはちょうど理想的な身体が、各部分のあいだでの対応・相関・連携・類似の関係が全体に及ぶことによって有効に機能を果たすのに等しい（六三－六四）。

このように、スウェーデンボリの考える「相応」の範囲はずいぶんと広い。地上のどんなに下等な生きものでも神を源として存在することを説く（一〇八）一方で、「愛」と「熱」や「燃焼」のあいだ（一三四）、人間と動物のあいだ（一〇八）にも相応が働くことを、彼は言葉を尽くして語る。「山」が天上の愛を「岩」が信仰をあらわす（一八八）ばかりか、「火は善に通じ、光は〈善からくる真理〉に相応する」（一七九）といった例が次々と提示される。彼によれば、「長さ」「広さ」のような空間の特性にまで霊的な意味が宿る（一九七）のである。

私たちの関心からいえば、スウェーデンボリが感覚の働きにとくに重点を置いたようには思えない。確かに彼は、天使（すなわち天界に挙げられた人間）が全感覚をフルに、もっと精巧な形で具えるのだとみなしはする（一七〇）。だがずっと後には、五感だけに頼る人間の至らなさについて綿々と論じられるところ（四六一－四六二）もある。

そんな彼も、色彩の意味についてはこだわりをみせる。天使の衣服について、明るさと真理に相応するのは「白」だと彼は力をこめていう(一七九)。バルザックが『金色の眼の娘』で、「魂はなぜか白い色に言い知れぬ愛着を感じ、愛は赤い色を好む」と書くのは、スウェーデンボリの影響であろうか。ずっと後、ユイスマンスもまた『大伽藍』で白について「至高存在の、絶対的真理の象徴」だと言い切る。白と聖性の結合はキリスト教社会の成立とともに古いのであろうか。

シャルル・フーリエ、「調和」と「統一」

類比が天上と地上とのあいだで行なわれるのか、ただ人間世界だけに目を向けるのか。「照応」の思想を、二つに大別する考え方がある。その分類でいくなら、スウェーデンボリは明らかに前者であり、これから取り上げるシャルル・フーリエは後者に入るということに一応はなる。

しかし、共同体「ファランステール」の創設によって「調和世界」の実現を意図した「空想的社会主義者」というレッテルだけでは、この型破りな思想家の全容にとても迫ることはできない。宇宙の進化と輪廻転生を信じ、人類がやがて超自然的な能力を獲得するのを期待した一種の神秘家でも、「万有引力」を引き継いで「情念引力」を想定した科学者タイプの男でも、彼はあった。一方で彼には、数字に対する異様な執着といい、徹底した「全婚」(いってしまえば乱交)への夢想といい、科学や良識の域を超えた、幻視者ふうの奇矯さもまた終始付きまとう。晩年には、第五肢を持つ「アルシブラ」という名の不思議な未来人を思い描いたりもするのである。

そんなフーリエが万物を貫く「普遍的アナロジー」の観念に取りつかれたのも、彼にとって最大の課題が「調和」と「統一」にあったからだろうか。最初の著作『四運動の理論』（一八〇八、巖谷國士訳）の「予説」で彼は、ニュートンとライプニッツによって解明された物質引力の諸法則が人間情念の場にも適用できるばかりか、「物質界と精神界とに通ずる運動法則の統一」というものが存在するのだとの信念を語る。「動物、植物、鉱物の引力および特性はたぶん人間や諸天体のそれと同一平面上に並ぶのではないか」と彼は推測をくだし、「いろいろと必要な探求を重ねた上で、この点について確信を得た」と自信のほどを示すのだ。

彼がこの結論のもとに、「魂にかかわる情念」が音階、色彩、算法、幾何学、金属の世界にアナロジーを持つとして作成した表はしばしば引用される。次にその一部分を掲げる。

ド	友情	紫	加法	円	鉄
ミ	恋愛	青	除法	楕円	錫
ソ	父性愛	黄	減法	放物線	鉛
シ	野心	赤	乗法	双曲線	銅
レ	密謀	藍	累進	渦巻線	銀

「友情」がなぜ「紫」なのかなど、疑問符がいくつも頭のなかを駆け巡るのは抑えがたい。しかしそれは、「ア」の音が「黒」なのはなぜかと問うのと同じであって、これまでにも述べたように、共感覚には、あるいは広くアナロジーには、当人がその結合に強く執着する以上、他人には口出ししがたいという事情が多少とも付きまといがちなものだ。その事情は、ある曲の与えるイメージが人によってかなり異なるのと似通っているともいえるだろう。問題の表においても、最初の音声のイメージが動因となって次々と照応関係を導き出していくのだ。

ここで私たちは、フーリエがアナロジーとしての音楽にことのほか熱心だったことを思い合わせてよい。この点はシモーヌ・ドゥブーの『フーリエのユートピア』（今村仁司監訳）でも語られ、ジョスリン・ゴドウィンの著書『音楽のエゾテリスム』[3]にも詳しい論及がある。一つの楽曲は和音や転調や対位法によって、類比と調和のモデルとなることができる。その一方、堅固さも正確さも具わった音楽は、数学そのものですらあり得るのだ。

ゴドウィンは、ピュタゴラスの場合と同様、音楽が数学とともにフーリエの考える「普遍的調和システム」の核をなすのだと論じる。調和と照応の範囲を地上のすべてに及ぼしていく柔軟かつ独自の思弁と。形式主義的なまでの、綿密さ・正確さへの志向と。両者の共存がこの思想家の持ち味なのであろう。

ボードレールがフーリエよりもスウェーデンボリを上位に置くとして、前者が物質的な正確さにあまりに気をとられすぎていると書く（「ヴィクトル・ユゴー」）のは、この辺の事情を指すのであろうか。

シモーヌ・ドゥブーの著書でみる限り、フーリエは五感のあいだの転移をそれほど問題にしたことはなかったようだ。だが、感覚の全面的な解放が彼の心を惹き、その実現の場としての「乱交」を夢見たことは、石井洋二郎が『科学から空想へ・よみがえるフーリエ』で言及する『愛の新世界』（死後出版一九六七、福島和己訳）の一節でわかる。男女から成る「冒険者」たちの一群が、「芳香がたちこめ、花々がふりそそぐなか」「歓呼の歌」に迎えられる場面である。彼らは「さまざまの美酒」を存分に味わってから、いよいよ「触れるを幸い」、相手かまわぬ「単純率直な衝動」に身を委ねるのである。五感のすべてを動員した「全婚愛」の開始である。フーリエの目指す「調和と統一」の思想は、ついにここまで来たのである。[4]

ブラヴァツキー夫人、シュタイナー、宮沢賢治

第2章の始めのほうで、スクリャービンの共感覚的な作品『プロメテウス』について言及した。この曲については、実際に作者スクリャービンの体験を反映したものかどうか、疑問視する意見が多い。彼自身は共感覚を持たず、これはもっぱら当時勢いのあった神智学運動の中心人物ブラヴァツキー夫人の思想を踏まえて成立したものではないか、と考えるのである。例えば野原泰子はこの作品を、十九世紀末の文化的風土のなかで再考察すべきものとみなす（「スクリャービンの〈共感覚〉——

文化的背景を踏まえての再考察」)。

スクリャービンが神秘家ブラヴァツキー夫人に心底傾倒していたのは事実であり、そのブラヴァツキー夫人は長い研究の成果として五感のあいだ、とくに音と色との結合を強く信じていた。師に忠実なスクリャービンは、色ばかりか嗅覚や味覚まで音楽に導入しようとしたといわれる。

ブラヴァツキー夫人のほかにも、フランスのジョゼファン・ペラダンやスタニス・ド・ガイタ、ロシアのグルジェフなどなど、オカルトがかった神秘主義者は、とくに十九世紀の後半以降、数多く出る。エリファス・レヴィは『高等魔術の教理と祭儀』教理篇の「総括」で照応に並々ならぬ重要性を付与し、「照応は〈魔術士〉に〈自然〉のありとあらゆる力を授ける」(生田耕作訳)と断じる。[5] オカルト思想と照応との縁は浅くないのだ。

ブラヴァツキー夫人自身についていえば、彼女の周囲にはいかさま師との悪評も立ち、その著作は古今さまざまの文献から得られた、まぜこぜの「クリスマス・プディング」だと貶す人もいるという。しかし、彼女の心酔者は途絶えることがなく、神智学協会のニッポン・ロッジなる組織は今もある。一つの宗派が「真正」かどうか、なかなか決めにくいものだ。

そんななかで、今日なお日本でも広範な読者を持つルドルフ・シュタイナーについては格別の注意が必要であろう。澁澤龍彦は彼を「二十世紀前半におけるもっとも偉大な神秘哲学者のひとり」と呼び、「ゆめゆめ、いかがわしい魔術師と混同すべきではない」(『秘密結社の手帖』)という。中村雄二郎はシュタイナー教育の人間観について、それが彼の「考えてきた〈共通感覚〉的人間観と、あまりに多く重なるところがあるのにおどろかされる」(『パトスの知』)と書く。

コリン・ウィルソンがいうのに、シュタイナーはスウェーデンボリの「自然な盟友」と位置づけてよい(『ルドルフ・シュタイナー』)。確かに、彼の唱える「人智学」もまた霊界の存在と霊魂の転生を信じ、どんな人間にもそこへ向かう潜在的な可能性が宿っていることを説いた。ただ、彼をスウェーデンボリと隔てる相違点の一つは、人間再生の鍵としての感覚の重視であろう。シュタイナーの考えでは、人間にはいわゆる五感のほか熱感覚、均衡感覚など一二の感覚がある。「感覚論が人智学の出発点であり、基本」なのである(高橋巖『現代の神秘学』)。霊界への認識を深めるべく、もろもろの感覚は「超感覚」にまで高められねばならないのだ。

現に、彼の芸術論をまとめた『芸術の贈りもの』においては、私たちが感覚をいつも一面的な仕方で用いることが批判される。「共感覚」の語をそのまま用いて、「私たちの潜在意識の奥深くに、分析的な感覚だけでなく、総合的な感覚も存在していること」(高橋巖訳)に、彼は注意を促すのだ。シュタイナーのいう「超感覚」は実質、共感覚を指すと考えてよいだろう。

知覚の一手段である共感覚が、シュタイナーにおいては宗教思想の確たる一翼を担う。共感覚の超能力的な意味づけを嫌うケヴィン・ダンですら、シュタイナーについて多くのスペースを割き、「高次の認識レベル到達の手段」としてのその意味を論じるのだ。

「万物照応」の語はたぶん一度も使われないが、日本では宮沢賢治の世界観がまさしく地上すべての対応関係を語る。よく知られた短篇「ビジテリアン大祭」では、菜食主義の是非をめぐって、植物と動物の境界など「人類の勝手に設けた分類に過ぎない」との意見を述べる人物が出る。「元来生物界は一つの連続」にほかならないのだ。詩篇「青森挽歌」の一節「みんなむかしからのきやうだい」をこの意味にとることもできるし、板谷栄城が「微塵感覚」と呼ぶ、大自然との一体感もここに思い合わせてよい。「まづもろともにかがやく宇宙の微塵となりて無方のそらにちらばらう」(「農民芸術概論綱要」)

さらに、新潮文庫版『ポラーノの広場』の解説で天沢退二郎が感動をもって引く長詩「種山ヶ原」パート三にある次の箇所は、「連続」が生物のあいだにとどまらないことを平明な言葉遣いでうたう。風も水も地殻さえもが、人間と等しい組成を持つのだ。

あゝ何もかももうみんな透明だ
雲が風と水と虚空と光と核の塵とでなりたつときに
風も水も地殻もまたわたくしもそれとひとしく組成され
じつにわたくしは水や風やそれらの核の一部分で
それをわたくしが感ずることは
水や光や風ぜんたいがわたくしなのだ

宮沢賢治が豊かな共感覚表現を多用したことは、これまで何度も確かめる機会があった。彼の共感覚的な感性は、疑いもなく、万物が心を交わすこんな世界観に根ざしているのである。

それにしてもこの一節は、天沢退二郎が感じ入るように、本当に「大いなる力づけのメッセージ」ではある。万物照応の思想は、一面、事物のあいだの対立が解消され和解を遂げるような、個物が全体のなかに抱きしめられるような、おおらかさと励ましの効果を持つということもできよう。

照応思想とキリスト教

評判になった加藤廣の小説『信長の棺』に、当時公認されていたキリシタンの教えを断固拒否する女が出る。

「わらわは丹波の山育ちでございます。一本の木、一叢の草にも心や魂が宿っており、人が心無く揺《いたぶ》れば、草木も悲鳴を上げることを、子供の頃から知っております。切支丹の説くような、この世は、神が、人のためだけに作ったなどという、人の得手勝手を許す教えは、わらわは嫌いでございます」

田舎育ちの、さして学問のない女性のこの言葉は、多少短絡的ではあっても意外と真実味をおびる。「キリスト教が自然を殺した」という見方が、従来けっして珍しくないからだ。

例えば、ずっと以前、拙書『異端カタリ派と転生』でも引用した、堀米庸三編『西欧精神の探求』の対話部分にある伊東俊太郎の発言。彼はロシア生まれの思想家ベルジャーエフの言葉を引いて、中世のころ、古代世界がキリスト教の支配に道を譲るとともに、自然と人間とのあいだに大きな深淵が口を開いたことを明らかにする。神が地上を越え出た超越者として君臨するとともに、その下に人間、さらに下に自然という序列が確立されたというのである。自然の上に立つからには、人間は思いのままに自然を操り支配することができる。「いかに逆説的に見えようとも、キリスト教のみが実証科学と技術を可能にしたのである」

また、十七世紀イギリスの行政官兼哲学者フランシス・ベーコン。彼がほぼ同意見であったことは、本書でこれまでにも参照したロバート・ローラー『アボリジニの世界』で言及される。「ベーコンによれば、自然界とそこに生きるすべての生物を征服して、その支配下に置き搾取するのは、神から授けられた人間の権利だった。ベーコンは神話の言語をすべて切り捨て、真の宗教の礎《いしずえ》に理性を置いた。こうした発想のためか、ベーコンは〈近代合理主義の父〉と呼ばれることになる」

人も動植物も無生物までもが互いに共通部分を分けあい、等しく生命を持ち、痛ければ涙を流すという照応の思想は、したがって、本来あまりキリスト教的ではないということになる。輪廻転生の観念も、アニミズム的な発想も、キリスト教本来の教理からは遠い。

そういえば、スウェーデンボリ、フーリエ、ブラヴァツキー夫人、シュタイナーといった、これまでみてきた照応の思想家たちは、いずれも正統キリスト教の範疇には加えにくい。スウェーデンボリにしても、スウェーデンでルター派の聖職者の息子として生まれたものの、「故国は彼の説いたキリスト教を異端として断罪し、彼をロンドンで客死させた」（高橋和夫『スウェーデンボルグの〈天界と地獄〉』）という。

むろん、二千年近くに及んで人々の信仰を集めてきたキリスト教である。その一部に照応思想が見出されないのではない。ジャン・ポミエは、神学者たちのあいだに「神秘的なアレゴリー」解読の伝統が存在したことを例に挙げる。第4章で例を出したが、現にシャルトル大聖堂を扱ったユイスマンスの『大伽藍』には、聖職者の解釈にもとづいて、聖堂の細部に及んで込められた寓意・象徴・転移のたぐいが、じつに数多く紹介されている。聖堂の全体が「舟」を表わし、塔や鐘楼は「高位聖職者」、窓は私たちの「諸感覚」、鐘は「教会の使者」の象徴なのだといったふうに。聖堂建築の奥行きや横幅でさえ、「教会の忍耐強さ」やその「慈愛」を寓意するという。

しかし、これらは解読あるいは置き換えにとどまり、地上のすべてを同等に扱う思想ではない。キリスト教世界に万物照応あるいはアニミズム思想の一端を認めるとすれば、稲垣直樹が『ヴィクトル・ユゴーと降霊術』で引用するパウロの手紙の一節に目を向けるほうが有効であろう。「被造物も、いつか滅びへの隷属から解放されて、神の子供たちの栄光に輝く自由にあずかれる」とも、「被造物がすべて今日まで、共にうめき、共に産みの苦しみを味わっている」（ローマの信徒への手紙、八・二一―二二）とも、パウロは語る。照応の思想としては、いま少し物足らないとの思いが拭いがたいけれども。

ボードレールが『レ・ミゼラブル』の作者を論じて、彼の具える「かくも素晴らしい、人間的かつ神的なアナロジーのレパートリー」を称えるとき、その念頭にはおそらくキリスト教の神があったのであろう。事実、先にその一部分を引用した長詩「闇の口の語ったこと」は、基本的にキリスト教の救済論をモデルにしている。しかし、この『ヴィクトル・ユゴーと降霊術』が仔細に論じるように、ユゴーのキリスト教理解はずいぶんと広い。彼はまた、当時流行したオカルト的な神秘思想とけっして無縁ではなかったのである。

華厳経には「一即一切、一切一即」との文言があるという。創造神話を持たない仏教の世界においても、万物のあいだの照応が認められているのだ。手塚治虫の長編漫画『ブッダ』では、ブッダは生涯の終りに臨んで弟子たちに説く。「いつも私はいっているね。この世のあらゆる生きものはみんな深いきずなで結ばれているのだと。人間だけではなく犬も馬も牛も虎も魚も鳥も、そして虫も。それから草や木も。命のみなもとはつながっているのだ。みんな兄弟で平等だ。おぼえておきなさい[6]」

笠原芳光は『ブッダ』のこの部分を引用したあとで、「これは仏教の根本であり、同時に、いま世界が必要としている思想である」(『宗教の森』)と書き添えた。

もともと、万物のあいだに截然《せつぜん》とした区別を設けない照応の思想は、発達的には成人よりも幼少時に、文明史的には文明より未開に、よりふさわしい思考パターンなのであろう。第1章で、共感覚に関連して発達段階や幼児体験を問題にしたのを、ここに思い合わせることができる。

今日でも、部族全体で万物の照応が信じられている例として、やはりロバート・ローラーの著書によってオーストラリアのアボリジニの社会をみよう。彼らは「星をはじめ人間や昆虫にいたる森羅万象は、原初の創造力が宿していた意識を共有していると考える。それぞれがそれなりのやり方で、原初の意識を反映しているのである」。彼らにとっては、生物のみならず「創造を構成する各要素はちょうど人間と同じように、夢、欲望、魅力、嫌悪から生じる」のだ。

アニミズムと輪廻転生

「照応」という発想はこの世に存在するすべてが、無生物に至るまで生きものと通底すると考えるのだから、当然アニミズムと重なる。そしてこれを時間の軸に置き換えるなら、人は死後ときとして無生物にも植物にも生まれ変わるという転生の思想とも連携を保つ。これらは少なくとも萌芽状態での宗教感情であり、古来、何かの形での信仰を持たない民族もまた存在しない。

アニミズムについていうなら、動物が人間と等し並の感性と知性をもって行動するパターンは、古来民話や童話の世界に例示の必要もないくらい数多くある。植物と人間との同一化なら、古くから西欧で栄えたマンドラゴラ信仰はどうだろうか。このナス科の植物には、その根が人間の肢体によく似ているところから、種々の超能力が託された。俗信によると、これは人に触れられるや身を縮めて人間の声で叫び、自分の土地に必死にしがみつくのだという。マンドラゴラが持つとされたプラス・マイナスさまざまの効能については、澁澤龍彦の長文のエッセイ「マンドラゴラについて」に詳しい。

宮沢賢治の短篇「気のいい火山弾」が語るように、植物ばかりか、鉱物のたぐいもまた人間の扱いを受ける。メリメの小説「イールのヴィーナス」では、青銅でできたヴィーナス像が新婚の男を恨んでベッドに入り込み、彼を殺す。孫悟空は石から生まれた。ペルシアに発するミトラ教では光と真理の神ミトラは、岩から生まれ、岩と結婚し、岩の親となる。種村季弘の『不思議な石のはなし』には、この種の話がふんだんにある。ピュタゴラス＝ネルヴァルの言葉のように、動物から岩石に至るまで、本当に「全てに感覚がある！」のだ。

キリスト教、ユダヤ教、イスラムのような大宗教でこそ存在しなくても、輪廻転生の観念は人々の心に強く訴える力を持つ。今日でも、宗教と無関係なところでさえ、前世を記憶する子どもが話題になったりする。

仏教では、死者は解脱を遂げるまで生死を繰り返して、三界で迷いつづけねばならないと教える。となれば、これは一種の刑罰である。一方でこれは、不死への期待として、因果応報の願いにも、現世で恵まれなかった人たちの「来世こそ」との悲願にも対応することができる。その点、これは希望の教えでもある。

中世南フランスのカタリ派社会では、性差や階級差はそれほど大きくなかったといわれる。前にも引き合いに出した拙著『異端カタリ派と転生』で、筆者はその原因がカタリ派の特徴をなす転生信仰にあるのではないかとの意見を述べた。この世の誰もが来世で、女にも下層民にも犬畜生にさえ生まれ変わる可能性を持つとすれば、人間のあいだ、人間と動物のあいだのあらゆる差別は根拠を弱める。時間軸で見る限り、万物は対等の存在となるのだ。

クセファノスの伝えるところでは、ピュタゴラスはある日、一匹の犬がひどく虐められている情景に出会う。大いに憐れみの心を催したピュタゴラスは叫ぶ。「止めてくれ、打たないでくれ！ その犬の啼声には確かに聞きおぼえがある。それはわしの友人の霊魂だ」（井筒俊彦『神秘哲学』第一部）

犬の鳴き声に故人の霊を聴き取ることは、私たちにはもうできない。しかし、「科学的」な世界観と著しく背馳する見方ではあっても、私たちがもし輪廻転生の立場に身を置くとするなら、自然と人間、人間と人間とのあいだの融和と共存の道はもう少し拓けるだろう。

中村雄二郎はシュタイナー教育の人間観と、自分の「共通感覚」的人間観とがいかに多くの点で重なるかに心を打たれて、いま何が必要なのかを顧みる。「硬直した概念や理性的自我を排して、イメージや想像力、さらには五感や身体性にまで遡り、そこから、またそれとの関係で概念や理性的自我を捉えなおすこと」（『パトスの知』、強調は中村）

「照応」の思想は、そんな「理性的自我」の柔軟な捉えなおしにも有益ではないだろうか。照応を説いたシュタイナーはまた、「火を見るより明らかな事実」（コリン・ウィルソン『ルドルフ・シュタイナー』）として輪廻転生を信じていたのである。

自然科学の立場から

第2章の始めのほうで、ディドロの『ダランベールの夢』について言及した。ここでディドロは、カステル神父の「視覚用クラヴサン」に話が及んだのに続いて、さらに広く「万物は絶えず流転している」との考察を繰り広げる。

彼がダランベールの発言として述べるのに、「あらゆる動物は多かれ少なかれ人間であり、あらゆる鉱物は多かれ少なかれ植物であり、あらゆる植物は多かれ少なかれ動物である」「万物は自然のなかではつながっており、そのつながりのなかには一つの隙間も」あり得ず、そこには、「全体」という名の「ただ一つの大きな個体しかない」（新村猛訳）のだ。

私たちは、こんな言葉を通じて「照応」の思想が必ずしも神秘的・宗教的な立場に固有のものではないことを知る。十八世紀の昔、いわゆる理神論から進んで、きっぱりと無神論に踏み出したディドロのような思想家もまた、動植物の境界など「人類の勝手に設けた分類に過ぎない」とする宮沢賢治そのままの意見を口にするのだ。

輪廻転生の観念やアニミズム的自然観には抵抗があっても、自然界に存在するすべてがなだらかな移行をなすという結論自体なら、冷静な自然観察からでも無理なく導き出されるだろう。石のような無機物でも、風化して土に帰り、そこから植物が生えて動物の食料となるというふうに考えると、立派に万物照応の思想となる。前にみた加藤廣の『信長の棺』のなかで京都・阿弥陀寺の開祖、清玉《せいぎょく》上人は、死者の骨から生者の命へのまったく同じ循環をも「輪廻転生の理《ことわり》」のうちに数えた。

私たちにもっと近いところでは、南方熊楠が研究の対象としたことで有名な粘菌は、生物界のどんな分類にも属さない不思議な生態で注目を集めてきた。しかも、この生物の持つ「知性」は予想外に大きい。ネット検索で得た知識だが、北海道大学、理化学研究所が出した二〇〇〇年九月二六日のプレス・リリースによれば、粘菌が迷路を最短距離で解く能力を持つことが世界で最初に発見されたという。粘菌のこんな力を利用して、「粘菌コンピュータ」を開発する可能性まで検討されているというから、本当に驚くほかはない。

「判然たる本種とすべきものは少なく、どちら付かずの中間種ははなはだ多く（……）故に多く見れば見るほど、天地間にこれが特に種なりと極印を打つような品は一つもなく、自然界に属の種のということは全くなき物と悟るが学問の要諦に候」。中沢新一の『森のバロック』に引用された、粘菌研究の先達南方熊楠の言葉である。自然界の不可分な一体性に行き当たらざるを得なかった、着実・博学な研究者の感慨である。

ダーウィンに始まる進化論の進展と普及もまた、全生物が発生するその起源に存在した同一性を、一般の人々にまで知らしめる。

これもよく読まれた瀬名秀明の長編『パラサイト・イヴ』は、細胞内のエネルギー生産の場であるミトコンドリアが突如、異常な速度で進化を遂げ、ついには人間の姿と知能を獲得するまでになるというSFホラー小説である。この分野に詳しい研究者の手になる作品だけに、生物学に不案内な読者のための配慮があちこちでなされて、この物語を真に迫ったものとする。

進化の相に立ち戻れば、細胞の内部に生息する極微の生物であろうと、対等の存在として、優に進化の最高位に達した人類の域に肉薄するのである。

人のいう「進歩」が手放しの礼讃ばかりではすまないのはいうまでもない。宮沢賢治の「楢《なら》ノ木大学士の野宿」に、主人公が夢で中生代の恐竜「雷龍」に出会う場面がある。今は滅亡した生物は著者にとって一種、栄枯盛衰のシンボルである。起源において同一であった多くの生物が別々の運命を辿り、種々変転を重ねること。「万物照応」とは一面、諸行無常の思想でもある。

第6章　共感覚と社会

異なる文化に属する人々は、ちがう言語をしゃべるだけでなく、おそらくもっと重要なことには、ちがう感覚世界に住んでいる。

（エドワード・ホール／日高・佐藤訳『かくれた次元』）（強調は原著者）

五感の序列、時代の流れにおいて

これまで、感覚の働きを主として個人のレベルに属するものと捉えて、その広がりを考えてきた。見方を広げてこれを歴史および社会の事象として捉えるなら、知覚のあり方という、人間すべてに共通するはずの純粋に生理的な出来事であっても、これに付与された役割はそれぞれの時代と文化の相違や特徴からけっして無縁ではないことに気づく。

私たちが「自分の」感覚と信じているものでも、時代的・空間的な規範から完全に自由ではあり得ない。「人間はどんなに努力しても自分の文化から脱けだすことはできない」（『かくれた次元』日高・

佐藤訳）とエドワード・ホールは書く。「なぜなら、文化は人間の神経系の根元にまで浸透しており、世界をどう知覚するかということまで決定しているからである」

今日、五感の代表といえばまず視覚であって、人間が取り入れる情報のほぼ八〇パーセントは眼によって得られるという。しかし、西欧に関していえば（おそらくは日本においても）、古くは聴覚が感覚序列の首位にあった。ロラン・バルトが『サド、フーリエ、ロヨラ』で論じるのに、十六世紀ごろ、まだキリスト教が社会の全体に揺るぎなき地歩を築いていた時期まで、「〈教会〉はその権威を言葉という基盤の上に置いていた。神ノ言葉ヲ聴クコト、ソレガ信仰デアル。耳、耳だけが、とルターは言う、〈キリスト教徒〉の器官である」（篠田浩一郎訳）

バルトの考えでは、視覚へのシフトが行なわれるのはイグナチオ・デ・ロヨラが主導した反・宗教改革の運動のころからである。想像力を駆使し、黙想・幻想の限りを尽くして、神とその事績を視覚イメージとして描出すること。イグナチオの率いるイエズス会士たちの活動には、言葉は悪いが、鉦《かね》太鼓で世界中にカトリック教会の勢力を伸ばそうとするかの観があった。イエスや諸聖人の挙止・言動を緻密に圧倒的な迫真力で描く、同時代のスペインの画家エル・グレコの作品はまさに彼らの広告塔と称することもでき、彼の制作活動にはローマ教会から多大の支援が行なわれたという。

視覚優先の時代が長く続き、今日もなおその影響から逃れられないとしても、ここに嗅覚という強力なライバルが加わるのは、アラン・コルバンによれば十八世紀の中ごろである（『においの歴史・嗅覚と社会的想像力』）。これは「感覚の歴史の転換点とも言えるもの」であって、「嗅覚を魂の偉大な動きを生み出す感覚にしようとする」（山田・鹿島訳）動きの始まりであった。このころからあと「においにたいする許容度が低くなり、悪臭は管理・統制される対象になっていった」こと、匂いについての「感覚的な洗練がヨーロッパにおける〈文明化の過程〉を特徴づける大きな要素」だったことについては、小倉孝誠の興味深い著書『身体の文化史 病・官能・感覚』に詳しい。

五感の王者たる視覚は、今日でもその地位を譲らない。しかし視覚そのもの、むしろ人間の視覚依存をめぐって根強い批判があることを私たちは忘れるべきではない。眼で見たものが客観的に正しく、視像が公平無私であるかのような幻想を人はともすれば抱く。しかし、十八世紀のルソーは早くも『エミール』で、視覚がどんなに人をだましやすいかを論じる。「まちがった印象をともなうことなしには、わたしたちは遠くにあるものをなにひとつ見ることはできない」。「視覚はわたしたちのすべての感官のなかでいちばん過ちやすいもの」（今野一雄訳）なのだ。

少しのちに、マクルーハンの『メディア論』を取り上げるが、彼の論旨の基本に、視覚と結びついた活字印刷と文字文化に対する厳しい見方があることは、あらかじめ注意しておいてよいだろう。彼によれば、「印刷が要求するのは一つだけ分離され余計なものをはぎとられた純視覚的機能であって、すべての感覚が統合された感覚中枢ではない」（栗原・河本訳）。もともと、万事が画一性をおびて線状をなし、反復可能にして非個性的だとの幻想を与えるのが活字印刷の特徴であって、それは何事にも関与せず密着もしないとの姿勢と無関係ではない。そこから、「印刷が及ぼす心理的および社会的な影響には、（……）さまざまの地域を次第に均質化させ、結果的に権力、エネルギー、侵略を増幅させることも含まれる」とマクルーハンはいう。「人びとは、印刷がもつ魔法の反復と拡張のなかに、永遠不滅が宿っているかのように行動し始めた」からである。

五感についていえば、マクルーハンがとくに重視するのは触覚、および触覚を軸とする共感覚の働きである。聴覚から視覚、嗅覚と続いた感覚作用の主役は、今や触覚に移りつつあるのかもしれない。

文化の違いと感覚の働き

感覚作用全般に対する文化の側からの条件づけについては、前述のエドワード・T・ホールの『かくれた次元』に拠るのが適当であろう。第1章でも少しふれたが、これは人間行動からみた空間論であって、状況によって異なる人間同士の距離のとり方をはじめ、閉鎖か開放か、狭さか広さか、混雑かまばらか、などさまざまな空間の持つ人間的な意味が豊富な引例で論じられる。しかもその反応の仕方は、文化によって大きく違うというのだ。

著者が好んで挙げる例でいえば、アラブ人のコミュニケーションは欧米人のそれに比べ、著しく「電圧が高い」。「騒音のレベルがずっと高いだけでなく、目つきは鋭く手が触れあい、話している間、互いに暖い湿った息をかけ合う」。欧米人の理解を越えて、アラブ人の住宅の屋内空間には仕切りがない。「アラブ人は、一人になるのを好まないからである」（強調は原著者）

おたがいが高い密度で接しあうのがアラブ人の社会である。嗅覚の役割は欧米の人間とは段違いに大きい。アラブ人にとっては、匂いがおたがいの接触を確かめる有力な手段である。「友人のにおいを嗅ぐことは快いことであり、望ましいことでもある」。彼らは体臭を消そうとせず、むしろそれを発散して人間関係を打ちたてようとするのだ。

感覚作用の文化的な相違として、日本庭園が例示されている箇所もみておこう。著者によれば、日本式庭園の偉大な創意は飛び石の使用にある。池のなかに不規則に配置された飛び石をたどりながら、客はしょっちゅう自分の足元に眼をやらねばならない。このことで、視覚に加えて筋肉感覚がふつう以上に活動し、庭とのかかわりがより濃厚となる。そのうえ、慎重に前進しながらふと眼を上げたとき、突然、狭い庭のなかでさっきとはまるきり違った景色が出現するかもしれない。庭が見るためだけでなく「歩く」ためにも作られているのには、庭に驚きと多様性を加えるこんな意味もあるというのだ。

『かくれた次元』でのホールの立場は、文化人類学を踏まえながら基本的に感覚論である。彼は動物世界にしばしば見られる「なわばり」行動を人間にも見出す。そして、なわばり行動の研究の結果、人間行動の束縛の無さを形容して「鳥のように自由」と表現するのは正しくないと理解する。動物たちが自由に世界を闊歩しているのではないのと同様、人間もまた「社会というくびきによって自由をうばわれている」のだ。

彼によれば、動物の「なわばり」が身体の延長であり「視覚的、音声的、嗅覚的信号《サイン》によって」印しづけられているのと同様、「人間の空間感覚」もまた「視覚、聴覚、筋覚、嗅覚そして温度といった多数の感覚的入力の総合」にほかならない。共感覚の語こそ用いられなくても、この著作は、立派に共感覚論として通用するだろう。

しかし、ホールの考えがそれなりに正しいとしても、問題を感覚論ではなく、現象学的に捉えることもけっして不可能ではないだろう。例えば、市川浩の『精神としての身体』の冒頭部分には、「私がいつも座る椅子に他人が座っていたり、前にしているテーブルの、私に近い一角に他人が自分のコップを置いたりすると、私は何ともいえない不快感をいだく」とある。市川が続けていうのに、「それは単に自分の権利が犯されたといった理性的な反発ではなく、みしらぬ他人に身体を触られたような、きわめて直接的な不快感である」。

ここで、人類学者なら「なわばり」論を持ち出すかもしれない。感覚重視の立場からは、視覚あるいは触覚イメージの、記憶のなかでの残存がうんぬんされるかもしれない。現象学としては、これは「可変的身体空間」の発現である。働きとして捉える限り、身体はアメーバのように伸縮自在であって、「見るとき」それは「むこうの斜塔まで、急角度で折れまがるむこうのカーブまでのびている」（強調は原著者）のだ。

現象学、人類学、感覚論の三者は、ときに同じ問題点の周囲に集まるのである。

感覚の果てしなき練磨

志村ふくみのエッセイ『色を奏でる』は、この感性豊かな染織家からみた色と布地の世界が、どれほどの驚きと感動に満ちているかを私たちに感じさせる。「植物の囁《ささや》きや低い輪唱がきこえてくる」という彼女にとって、あくまで主役は自然にある。草木がすでに抱いている色を、彼女は自分の染織のために「いただく」のだという。自然に対して深い畏敬と愛情を失わない姿勢はまるで、音や色が未分化の、創造間もない清新な世界の住人のようだ。

「機《はた》を織っているとき、思わず竪琴《たてごと》をかきならすような気持になるときがある」と彼女は書く。「いままで織った部分が（……）つぎの音を奏でている。あやうい空中の橋を渡っているような部分こそ、色の旋律が鮮明にきこえる瞬間なのだ」

また、いつかテレビで京都の和菓子職人の作品を見たことがある。四角く透明なゼリー状のなかに、小さな緑色のかけらがいくつも散らしてあった。モーツァルトの交響曲第四〇番、第一楽章をイメージしたという練り菓子であった。

社会現象としての共感覚を問題にするとなれば、単なる修辞や文飾としてではなく、これを生業の要《かなめ》に据える人々の生き方にも目を向けなければならない。『「五感の危機」を超えて』との副題を持つ田中聡の著書『「超人」へのレッスン』には、こんなにまでと心を打たれる、感覚協働の実践例がいくつもある。

例えば、川の水の臭気と味を感じ分ける「利き水師」は、一杯の水をもとに「緑色感」から「靄《もや》の潤い」まで感じ取る。しかも、その「緑色感」にしても、季節や水の出所によってニュアンスは同じではない。そこに何かの「響き」や「はじけるようなキレ」が宿ることも、緑の色に「甘味の発酵臭」が加わることだってあるのだ。

ピアノの調律師ともなれば、抜群の聴力が要求されるのは当然である。だが、ここに登場する調律師は一つポンと打った音の柔らかさを、正確に「真綿のような柔らかさ」と「テニスのボールのように弾むような柔らかさ」とに区別する。また、別のデジタル化された大型旋盤の技術者は、鋼材を削る精密な作業のなかで、手で削るときの感触をプログラムに入れ、機械では感じ取れない匂いや味にまで注意を払う。見た目は同じ鉄でも、匂いによって材質が違う。その微かな相違を感じ取らねばならないからだ。

これら「超人」たちの卓越した技に感嘆を久しくし、なかには剣を合わせただけで相手の身体が崩れてしまうという魔法使いのような武術家がいることを知ると、私たちはいつしか宗教の世界に戻ってしまう。精神の世界が天使にも悪魔にもなり得る広大な可能性を内包するのと同様、身体もまた無限といってよいほどの開発の余地を残す。まして感覚は、心と身体が重なる領域である。宗教が関与しても何ら不思議ではない。

ここまで来ると、前章でみたいくつかの観点に加えて、宗教の役割の一つが、身体能力の増進あるいは特異化にあることに注意を向けないではいられない。大本教の教祖、出口王仁三郎《おにさぶろう》は、「耳で見て目できき鼻でものくうて　口で嗅がねば神は判らず」という和歌を残した[1]。

事実かどうか、あのオウム真理教の主宰者は弟子たちの前で、空中浮揚を行なってみせたという。空中浮揚には疑問が残るにしても、オウム真理教の一つの出発点がチベット密教にあることはよく知られている。そして、密教系の仏教が肉体を具えたものとしての人間をことのほか重視したのもまた事実である。

中沢新一はネパールで修行に打ち込んだ体験として、「自分が身体の外にいて、自分の身体を上の方から見下ろす」という奇妙な体験をしたことを語っている（『チベットのモーツァルト』）。彼はまたオウム真理教の教祖に似て、空中を浮遊し歩行するという「風の行者」のうわさを聞いたとも述べる。のちに中沢が知るように、実際にはその行者は「風」すなわち生体の「気＝プラーナ」を自在に操って、とてつもなく長い距離を一気に駆けていくのであるが。

タントラ仏教では、人間の身体の中央脊椎に沿って四つから七つのチャクラという神秘的な中心叢があるとされ、人間は「最下部のチャクラから〈菩提心《ぼだいしん》〉という仏教用語で呼ばれる思念のエネルギーを次第に上昇させて（ときには下降させる）、最高存在との合一体験を味わおうとするのである」（頼富本宏『密教』）。タントラ仏教は肉体を一切の真実の宿るところと考える。チャクラはその真実に到達するための、いわば媒体の役目を果たすのである。中沢新一が自分の身体の外にいるという不思議な体験をしたのも、「胸のチャクラ」を存分に活用したからであった。

しかし、以前の著書『インセスト幻想』でも問題にしたが、身体性の強調は精神のエネルギーをいやがうえにも高める効果を持つ反面、それ自身が独走して性衝動の全面的な肯定にまで至らないではいない。これは司馬遼太郎の『空海の風景』でも再三論じられる問題点であって、現に、後醍醐天皇が傾倒した（とされる）ことでも知られる真言立川流など、密教系の仏教がどこまであからさまな性欲賛美に「左道」化し得るか、その見本のような宗派である。

平凡な感想ながら、プラスの極致はマイナスを生む。なおさら難しいことに、多少でもマイナスの要素を含まないところに、ものごとの、とりわけ宗教の衝迫力は存在しないのである。ともかくも、人間の身体は限りなく修練の余地を残す。そしてそのことは、感覚の持つ広大な可能性とつねに相補的なのだ。

「商品」としての共感覚

宗教論議はこれくらいにして、再び共感覚にこめられた社会の期待に話を戻すことにする。複数感覚の同時的な発動が、商品の価値にプラスアルファの効果をもたらすこともあるのだ。

シンガポール航空では、客室内の香りが内装の色と矛盾しないように注意し、またその色の組み合わせが客室乗務員のメークアップや制服と調和するように配慮されている。ロールスロイスは一九六五年モデルの設計に際して、車内に独特の匂いを漂わせるよう何十万ドルの金額を費やした。座席に用いられたレザーの色や質感と、その匂いとが微妙に呼応するのである。

また今では、ほとんどすべての自動車生産の現場において、車内の匂いばかりかドアの開閉音、ハンドルやシフトレバーに手を置いたその感触にまで細心の工夫が施される。飛行機の内部も、車のなかも、まったくの共感覚空間なのだ。

このようにマーチン・リンストロームの『五感刺激のブランド戦略』には、ブランド・イメージを高めるために、どんなに感覚、とりわけ共感覚の訴求力が動員されるか、驚くばかりの例がいくつも出る。付け加えるなら、コカ・コーラの成功は、中味の味に加えてガラス瓶の形と感触によるところが大きい。朝食用シリアルのケロッグにとっては、口のなかで商品が噛み砕かれる音が、味覚と同等に重きをなす。会社では自然な音にもはや頼らず、その音を音響研究所で設計するのだという。

音楽の再生が目的の機器であっても、ハンディな形態が売り物である以上、「私の手に心地よい質感」が追求されないではいない。山下柚実のエッセイ「五感による〈多重接点〉が人とモノとの幸福な関係を築く」には、アップル社の「iPod」の専用ケースが素材においてさえ、どれほど多種多様であるかが興味深く語られている。「若者たちは、まずシンプルだが〈視覚〉を満足させるデザインに反応し、多彩なボディの色彩に反応し、さらに、専用ケースを装着することで、音楽を聴くことと同時に〈手触り〉の心地よさを感じ取ったのだ」

今は感覚が見直される時代だという。すべてにおいて規制と管理が幅を利かし、コンピュータが万事を取り仕切るこの時代、人間は事物との直接の交わりの機会さえを奪い去られた。山下柚実の言葉を借りれば、人々は「〈情報〉や〈価値〉や〈流行〉など、いわば社会が生産した基準を自分の意識の中心に取り込み、〈五感／感覚〉を使った暮らし方とは別の次元で、日々の生活を営み始めた」（『五感喪失』）のである。そんな流れに逆らって、私たちには今、事物との親和性を回復し、五感を十全に生かした生活が本来どんなに豊かであり得るか、あらためて実感することが求められているのであろう。

感覚の復権が叫ばれるなか、この気運にすぐさま企業が敏感に反応したのはむしろ当然とすべきである。大手広告代理店、博報堂の生活総合研究所が編纂した『〈五感〉の時代』は、「視・聴・嗅・味・触の消費社会学」との副題のもとに、現代人の感覚行動について行なった詳細な統計調査の記録である。耳の鋭い人は貯金をしたがるとか、嗅覚の発達した層は消費に積極的な傾向がみられるとか、意外ながら、消費生活に直接つながるデータがいくつもある。

なかには多少首を傾げたくなる結論もあるにしても、味覚の鋭い人たちが他の四感覚も非常に気にするとの断定には説得力があるだろう。他の四感覚が容易にそれ自身で機能を果たすのに比べれば、食品を味わうことには嗅覚や触覚はもちろん、視覚、聴覚といった他の感覚の支えと助力が必要な場合が多い。食事を楽しむことと、その人の社交性とが密接に関係するとよく言われるのを思い合わせてよい。

だが、消費者へのアピールとして感覚への訴えが有効だとして、なぜ「共感覚」なのであろうか。前述のリンストロームは単純に、一つではなく複数感覚間の相乗作用《シナジー》がブランドを印象づけるうえで効果的だと考える。「ブランドセンス調査は、いくつかの感覚間に確立されたシナジーがポジティブであればあるほど、メッセージの送り手と受け手の間の結びつきもより強くなることを確認しています。単純なことなんです！」（ルディー和子訳）

先ほどの「多重接点」についてのエッセイでみる限り、山下柚実の立場もまた、基本的にリンストロームと同じところに帰着するとの印象を受ける。入口が一つの感覚しかない場合、その感覚を拒否した場合、他に入口が無くなってしまうこと。感覚は慣れやすく、一つの感覚では飽きが来やすいこと。五感の反応は好悪の感情と同様、規則性を持たず、つねに揺れ動いているから、一つの感覚に依拠するのは危険であること。

リンストロームも山下も、複数感覚相互の「協働」をただの「加算」と捉え、その範囲内で議論を進めているかに見受けられる。「相乗作用」にせよ「多重接点」にせよ、参加する感覚数の増加がそのまま、同時的な感覚越境としての共感覚であるのかどうか、厳密には多少の疑問は残る。だが、複数の感覚が並存するところ、当然、そのあいだに融合が生じる可能性は残る。実質的に、共感覚とみなしてもよいのであろう。

「メディアはメッセージである」

現代社会で共感覚の持つ役割をより深く知るためにも、私たちはマーシャル・マクルーハンのメディア論と向き合わないわけにはいかない。マクルーハンの思想は、彼の死後一〇年を経た一九九〇年代になって再び脚光を浴びてきたといわれる。

マクルーハンといえば、しばしば引用される「メディアはメッセージである」という言葉がまず念頭に浮かぶ。いささか理解しにくいこの一文の意味は、宮澤淳一の委曲を尽くした解釈（『マクルーハンの光景』）のように、「メディアは（それ自体が、そのコンテンツ以上に）メッセージである」と理解するのが正しい。実際、主著『メディア論 人間の拡張の諸相』の後半で論じられる「メディア」は、衣服とか自動車とかゲームとか、いわゆる通信手段を超えた種々の製品に及ぶ。現代のテクノロジーが生み出したこれらの用具それ自身のメッセージ性を、彼は次々と解明しようとするのだ。

彼のいう「メディア」が何らかのメッセージ性を含んだテクノロジーと事実上同義であるからこそ、二番目の、さらに重要なテーマが成り立つ。すなわち「人間の感覚と機能を外的に拡張したもの、それが他ならぬメディアと呼ばれるものである」。彼によれば、衣服は「皮膚」の、自動車は「全身」の、ゲームは「社会的人間および国家」の拡張にほかならない。「すべてのメディアがわれわれ自身の身体と感覚の拡張である」ことは、『メディア論』のあちこちで主張される。

私たちは本章の始めのほうで、視覚と活字文化に対して持つマクルーハンの厳しい批判的なスタンスをみた。これらの特性をなす直線性・非関与性への批判は、今日一般化した電気テクノロジーの特性との対比によって、なおのこと強められる。彼によれば、電気には「中心を持たずに分散」する「有機的にして生体的」な性質がある。「電気伝達の同時性」は人間の神経組織のそれに似ており、電気メディアは「われわれがそこに関与せざるを得ないような全体的な場を、即座に、しかも常時つくりだす」と彼は考えるのである。

電気が生み出すメディアのなかでも、マクルーハンがとりわけテレビの関与的な役割を強調するのは、活字メディアとはまったく異なった電気メディアの持つ、このような特性からみて納得がいく。テレビとは「反応の」メディアであり、その映像によって「視聴者は巻き込まれ、参加するのだ」と彼はいう。彼はさらにテレビを論じて、これが視覚的というよりはむしろ「触覚的な」メディアだと断じるのだ。

だがマクルーハンは、不可解なことに、映画についてはずいぶんと違った見方を示す。『メディア論』後半にある「映画」の項で、これが完全に文字文化の側に立つメディアだとし、テレビ映像が持つような触覚を中心とする「統合的・共感覚的な力」をまったく認めないのである。音を出し、動く映像を映し出す点、映画はテレビと基本的に同じメディアであるはずなのに。

問題の「映画」の項には「リールの世界」との副題がついている。おそらくは、線状のリールに乗って物語が進行する映画の世界は、マクルーハンの忌避する文字世界に似るのであろう。また彼が述べるように、ふつう考えられるのと違って、映画は印刷や写真と同様、その利用者に意外と高度の「知的素養《リテラシー》」を要求するという事情もある。カットの切り替え、非現実な挿話、時間の軸での自由な移動など、映画には「非文字文化的な人間」を戸惑わせる技法が多く含まれる。広い世界には、私たちには自明だと思える距離感や遠近感を持たず、「空間が連続的で画一的だという文字文化的な前提がない」人たちだっているのである。

『メディア論』より数年早く刊行された論文集『コミュニケーションの探求』（邦訳題名『マクルーハン理論』）に掲載された論文「テレビについて」で、マクルーハンは「きわめて非線型的であること」と「非ストーリー・ライン形式」を、メディアとしてのテレビの特徴に加えている。大雑把な言い方をすれば、彼にとって最も望ましいテレビのコンテンツは、ドラマであるよりはニュース番組あるいはバラエティーのたぐいなのかもしれない。『メディア論』では、テレビが「何かの事件に共同参加的な性格を与える力を持つことを、視聴者に最も強烈に印象づけた」番組として、彼はJ・F・ケネディの葬儀を挙げるのである。

「テレビは触覚的である」

テレビ映像が投げかける問題としては、その関与性を含めて、それが「触覚的」とみなされることに、とりわけ留意が求められるだろう。

第2章で、「われわれには、はがねの弾性や灼熱したはがねの可延性、鉋の刃の堅さ、鉋くずの柔らかさが見えるのである」というメルロー＝ポンティの言葉をみた。視像が触感に移行すること自身はそれほど珍しくはない。だが、テレビ画像はなぜ触覚的なのであろうか。

触覚が人間にとって最も古く根源的な感覚だとされることは第2章で詳しく調べた。それはまた、慰撫と励ましと、ときには治療の手段でもある。タントラ仏教においては、触覚を称えて「この触覚より生ずる快感は、実践と厳格な精神的修練を通して、われわれの心を超越的な絶対の境地へと至らしめる」（ダスグプタ『タントラ仏教入門』宮坂・桑村訳）とさえ説かれる。それは「すぐれた芸術作品が視覚や聴覚を通して」行なうのと同様の至福に、私たちを導くというのだ。

テレビが「触覚的」と規定されるためには当然、その画像の迫真性や実体感が考慮されていると考えねばならない。マクルーハンはアメリカの美術評論家ベレンソンの言葉を引いて、「画家は網膜の印象に触覚的価値を付与したとき、はじめてその仕事を達成できる」と書く。彼はまた「電気が視覚的であったり聴覚的であったりするのはまったく付随的にすぎず、第一義的には触覚的なものである」とも述べる。テレビにおいては画像技術の進歩も、番組制作の発達も本当に日進月歩である。テレビ画面の鮮烈な現前感から「触知可能」との印象を受けるのも、むしろよくあることとすべきであろう。

昔から、数ある感覚論のなかで、触覚と視覚とがしばしば相補の関係で結ばれ、ときには触覚が優位を占めるとされてきたことをここで思い返してもよい。山口裕之の精緻な論文「〈視覚－触覚〉の言説とメディア理論――ベンヤミンとマクルーハンの邂逅」には、この点をめぐる諸家の説がいくつも紹介されていて興味深い。イギリスのバークリーの立場からは、触覚が事物そのものを捉えるのに対して、視覚とは単にその名称にすぎないという結論が得られる。ドイツのヘルダーにとって、視覚は平面、色、像を示すのにすぎない。ある形や立体の持つ美しさは、すべて感触を通じて感じ取るほかはないのだ。

この論文ではふれられないが、ジル・ドゥルーズの『感覚の論理』では、画家フランシス・ベーコンの作品を論じつつ、視覚自体がすでにいくらかは触覚であるとの主張が展開される。彼はtactile（触覚的）の語に加えて、ギリシア語のapto（触る）を語源とするhaptique（触感的）なる語を用いて、触覚のように作用する眼の働きを表わそうとするのだ。[2]

ドゥルーズのように、「見る」ことと「触る」こととのあいだに等価性を認めようとする思想家もいるのである。視覚映像を現出するテレビが同時に触覚的であっても、さして不思議ではない。しかし、テレビが触覚的であり得るのは、さらに画面と視聴者とのあいだに成り立つ、架空だが濃密な人間関係にあると考えることもできるだろう。

人間関係での触覚の働きについて、ダイアン・アッカーマンは「誰かに触れることは、相手をファーストネームで呼ぶようなものだ」との適切な観察をくだした。テレビが行なっているのもまた、見知らぬ相手の肩を叩くのにも似た親しさの演出ではないだろうか。テレビは遠慮会釈もなくお茶の間に侵入して、頼みもしないのに視聴者を仲間扱いにする。こちらの心の深部にまで無造作に立ち入って、反応や対話を求めることも、けっして珍しくない。一方的に終わらせればすむことではあっても、その押し付けがましさや如才のなさは、「触覚的」と形容しておかしくない。

相手の身体に触るためには、ある程度の親しさがなければならない。だが、触り触られることは基本的に快楽である。テレビの巧妙さに誘導されながらではあっても、私たちは多くの場合、自分の意志でテレビの世界に入り込み、参加し関与するのだ。
　ともかくも、マクルーハンが触覚の働きにずいぶんと重きを置いていることは、『メディア論』を通じて十分に察せられる。人がふつうに思うのに反して、触覚は深層への働きかけだと繰り返し強調しているのには、とりわけ留意しなければならないだろう。「たぶん、触覚というのは、皮膚がものと接触するというだけではなく、精神のなかにものの生命が入ることではないか」（強調は原著者）。働きにおいて触覚に似るからといって、テレビが視聴者の内心に潜入しないわけではけっしてないのだ。

　先ほどふれた論文集『コミュニケーションの探求』には、ローレンス・K・フランクの「触覚的コミュニケーション」が収録されている。「人と人との間においては、触覚的コミュニケーションの方がことばよりもすぐれている場合がある」（大前・後藤訳）。「ことばのメッセージの受容は、子どもがそれ以前にえた触覚的経験にもとづくところが大きいことは明らかである」。ここには私たちが日常感じている事柄ではあっても、納得できる考察がいくつもある。

　高村光太郎の「触覚の世界」については、これまで二度参照したことがあった。いま表層と深層が問題であるからには、このエッセイにもう一度言及しないではいられない。彼に言わせれば、「現世を縦に割る見方」に立つのが彫刻家の仕事である。その触覚は、表面の霧を破って「その奥の処にゴッつりしたものを探ろうとする」のである。

マクルーハンと共感覚

マクルーハンからみて、テレビが触覚としても機能するとすれば、このメディア本来の視覚作用とのあいだに想像上、共感覚の連関が醸成されることになるだろう。実際、彼がいうのに「良かれ悪しかれ、テレビ映像は、これら高密度の文字文化をもつ国民たちの感覚生活の上に、彼らが何世紀にもわたって忘れていた統合的共感覚的力を及ぼしたのである」。

触覚をひときわ重視するのがマクルーハンである。共感覚を構想する場合でも、基軸に置かれるのは触覚以外にはない。ジル・ドゥルーズと同様、接触、結合の両義を持つギリシア語由来の haptic を引いて、彼は「意識的な内面生活において、諸感覚のあいだの相互作用こそ触覚を構成するものである」とみなす。

触覚には、しばしば五感の母の座が与えられることも第1章でみた。前項でふれたヘルダーは「すべての感官の根底に存するのは触覚である」と考え、これも第1章でみたように、ディドロは「触覚という純粋で簡単な感覚」を出発点に順次、他の感覚が発生するいきさつを語っている。こうした思想の流れのなかでは、マクルーハンのように、触覚そのもののなかにすでに共感覚へのきっかけが宿っているのだ、という考えが成り立ってもおかしくない。

マクルーハンからみて、触覚はすべての感覚を統一に導く結節点の役を務める。「触る」あるいは

「接触する」という行為は、それだけで「諸感覚の実り多き出会い」にほかならない。それは「聴覚に移し変えられた視覚と運動感覚に移し変えられた聴覚、それに味覚と嗅覚、その出会いの問題」なのだ。

事実、彼の論じるところを読んでいて、共感覚のことなのか、触覚が問題なのか、両様にとれる場合がよくある。「芸術作品に一種の神経組織あるいは有機的統一を与えるものとして、セザンヌの時代以来、芸術家たちの精神を捉えて離さなかった」と書かれているのは触覚についてだが、この文章はそのまま共感覚表現にも当てはめることができるだろう。触覚も共感覚も、等し並に「あらゆる感覚の最大限の相互作用が伴う」のである。

マクルーハンの思想のなかで、共感覚の持つ意味ははなはだしく大きい。彼によれば、電話や電信のように視覚化不能のメディアがふつうとなった今では、視覚に昔日の面影はない。視覚が感覚の王座から退くとともに、人々は「共感覚の支配と、他の諸感覚の緊密な相互包含の場」に連れ戻されたことになる。しかもマクルーハンにとって、各種のメディアは人間の「中枢神経組織の大規模な拡張」にほかならない。テレビのように共感覚的な感性に浸透されたメディアが一般的になるとともに、「西欧の人間は共感覚の活動の中に毎日包みこまれている」のである。

本書はこれまで、共感覚を主として個人レベルに属する、むしろ主観的な体験として捉えてきた。マクルーハンの思想を検討するにつけ、私たちはそれが人間関係にも、社会全般にも、広がりを増すことを知る。エドワード・ホールが考えるように、本当に、ある感覚に託された意味は一つの文化全体に行きわたって、その文化に属する人々すべてに共有されることもあり得るのだ。

さらに、共感覚が規模の大きい社会現象とされるばかりか、ここに可変的・流動的な性格が与えられるところに、彼の共感覚理解のユニークさがある。「感覚比率」と呼ばれるのがそれであって、共感覚を構成するいくつかの感覚相互の割合は、状況に応じてつねに変化するというのだ。かつて「活動写真に加えられた音声の効果は所作、触感、筋覚の役割を減じた」。同様に「もし聴覚が強調された場合、触覚と味覚もまた同時に影響を受ける」のである。強烈に視覚的な文化を持つアメリカに、「テレビが聴・触覚のドアを開いてみせた」。

クリストファー・ホロックスは、マクルーハンには「感覚の調和」という原則があることを指摘する（『マクルーハンとヴァーチャル世界』）。もともとすべての感覚には相互に公平な関係で働く能力が具わっており、問題はそのために必要な手段をメディアが提供できるかどうかにかかっているというのである。

言語学者は別として、知覚の様式としての共感覚から進んで、その組成の可変的な比率にまで言及した思想家は、たぶんほかにはいない。マクルーハンにとって、それだけ共感覚が重要な概念だったということであろう。

詳論はされないが『メディア論』には、感覚比率に関連して、いつかは人間の「意識の状況に近い、諸感覚間の比率をプログラムすることが可能だ」と書かれた箇所がある。マクルーハンの理解においても、共感覚という複数感覚の協働は意識のありようとして、ごくふつうの状態であることがわかる。

もう一つ、電気技術の急速な発達と普及を背景にして展開されるマクルーハンの思想が、一方では微妙に原始と未開への志向を含むことを、私たちは無視すべきではない。電気の持つ「瞬間的な速度が時間と空間を廃棄し、人間を統合的で原始的な知覚に連れ戻すことになった」。「ラジオは奥深い古代の力である」。「われわれは深層関与と統合表現の可能性を秘めた冷たい原始的なものにこそ前衛を見るのである」。『メディア論』には、この種の言説が見え隠れに散見される。

マクルーハンの名を有名にしたキーワード「グローバル・ヴィレッジ」は、こんな原始志向の集約として理解できる。テクノロジーの飛躍的な発達の結果、あらゆる情報が瞬時にして地球上のすべての人間に共有される今では、私たちは「地球村」ともいうべき、「部族の太鼓の響く、単一の収縮された空間に暮らしている」ことになる。「あらゆる場所に中心があり、周縁はどこにもない」そんな部族社会においては、すべては「同時多発」的であり、人々はあらゆる情報に深く関与しあわないでいることができないのだ。

注記しておくなら、先ほどの引用文にある「冷たい原始的なもの」とは「ホット・メディア」と「クール・メディア」を区別するマクルーハン独自の用語にもとづく。ラジオ、映画、活字といったホットなメディアと違って、テレビ、電話、話し言葉のようなクールなそれは、前者に比して精細度が低い代わりに関与と参加の度合いがいっそう高いメディアを指す[3]。

共感覚に話を戻せば、第1章でみたように、これは発達段階において原始的な知覚のパターンに属する。現代の社会を村落共同体に似たものと考えたマクルーハンが、もう一方で共感覚に惹かれるのも自然な成り行きとすべきかもしれない。

共感覚、時代と社会を超えて

地球上には、今日でも共感覚が社会システムとなった部族が少数ながら存在しないのではない。いくつかでもその事例をみることによって、私たちが何を得、何を失ったのか、多少でも知ることができるだろう。

コンスタンス・クラッセンの『感覚の力』によれば、ベンガル湾の小アンダマン島に住むオンギー族の人たちにとっては、匂いが基本的な宇宙原理である。もろもろの感覚が嗅覚を中心に組織されて、「究極的には宇宙をダイナミックな嗅覚の平衡状態に保つ」（陽 美保子訳）ことが目標とされる。「硬さ、冷たさを匂いの保有に」、「軽さ、柔らかさ、熱さを匂いの発散に」それぞれ結びつけながら、人々は人間や事物の発する匂いをいつも適度な状態に維持すべく努力を重ねるのだ。

一方、同じクラッセンによれば、コロンビアのアマゾンに住むデサナ族の人々は、宇宙は色彩で動くと信じている。「デサナの〈世界観〉は色彩を匂いや味などと融合させた感覚の万華鏡なのである」。食物を火にかけるときには色の変化が重視され、家具や身の回りの品々に色彩のシンボリズムが行きわたっているばかりか、病気もまた一つの変色過程、色彩バランスの乱れにほかならない。

シャーマンは注意深く、健康を害した人たちの色彩エネルギーの回復に心を砕くのだ。

オーストラリアの先住民の一つアボリジニの社会については、これまで何度か言及した。この部族にとっての共感覚の持つ意味は、ここで簡単な要約を許さないくらい大きい。詳細は、これもすでにみたロバート・ローラーの浩瀚な著書『アボリジニの世界・ドリームタイムと始まりの日の声』に譲るほかないが、彼らが「ドリームタイム」と呼ぶ始原の世界の創造にすでに共感覚がかかわっていることは確かめておかねばならない。

アボリジニの宇宙論では、ドリームタイムの時代、あらかじめ各動植物の「種の潜勢力」が仕込まれた場所で、「虹蛇（地磁気）」がこの世の生きものを産み出したとされる。そのとき、種の名前を呼ばわることがその実体を「見る」ことに等しいような、高揚した意識状態のなかですべてが進行したという。

アボリジニの人々はときおり、創造主を偲ぶべく独特の祭儀を行なう。彼らは、独特のリズムに満ち溢れた踊り、呼吸法、それに植物から精製された薬物の力で異常に研ぎ澄まされたエクスタシー状態に陥る。すると、その知覚は日常的な狭い制約から解き放たれ、高揚した過敏な意識のなかで、始祖と同様、さまざまの音や名前が「物理的実在のように」知覚される。

神経系の深層で起こるそうした共感覚体験のおかげで、彼らは「五感が渾然一体となったドリームタイムの世界へと参入」することができるのである。

ロバート・ローラーが共感覚について述べる次の一節は、少し長いが、その働きに対する一つの見方としてここに引用する値打ちがあるだろう。

「知覚可能な世界とは、我々自身が考えているよりはるかに強力で恐ろしく、驚嘆すべき別世界に現実感覚をつなぎ合わせる魔術的な象徴なのだ。知覚が混交することでおそろしく豊かなヴィジョンを生み出す共感覚とは、神経の機能不全でも、霊的幻覚でも、詩作やロマン主義が編み出した小道具でもない。それは、神経生理学的な深奥で見出される極めて重要だが、長いあいだ無視されてきた知性の雛形であり、いかにも人間らしい能力なのである」

共感覚にある原始的なもの

共感覚の、あるいは個々の感覚作用のあり方を調べていくと、私たちはときとして現代社会を離れて太古の奥へ、無明の幽暗へと引き戻されていくのを感じる。感覚作用そのものに関しては、いわゆる文明人も未開の民も、はたまた動物たちも区別がないのである。鷲田清一がいうのに、「感覚は〈わたし〉がそのなかに浸されている〈わたし〉よりも古い、いのちの無名の蠢きであり、ときにはときめき、ときには疼きなのであろう」(『感覚の幽《くら》い風景』)。

しかし共感覚が浸る無明の幽暗とは、ときには邪悪なものの棲む領域でもある。私たちはすでに、共感覚な幻覚を発生させる薬物のたぐいが、快楽のきわみとともに重大な危険をもたらすことを知っている。

第3章の途中でみたように『カニバリストの告白』の主人公は、食肉の放つ妖しい美しさに完全に魅了される。食卓に並んだ肉は、ホルン、チューバ、トロンボーンといった金管楽器の力強い合奏だ。辛味のあるソースや香辛料は、甲高い打楽器の響きを呼ぶ。人肉嗜食者と成り果てた彼は、「〈肉喰い〉の哲学の核にある愛」によって、「勃起した少年が潤んだ少女を求めるように」、「神秘論者が神のくちづけを待ち望むように」（池田真紀子訳）恍惚として肉に思慕を寄せるのである。

「創造的吸収」をモットーとする彼の、「聖なる吸収体」たる自負など、社会感覚を喪失した殺人者の妄言として片付ければすむことではある。それにしても、自分だけの共感覚イメージへの極度の没入は、ときにこんな人外境に人を追いやりもするのであろうか。

彼の共感覚が活動を開始するとき、「突如として放りこまれた共感覚のめくるめく世界を的確に表現すること」はこの男には不可能だ。圧倒的な生命感とともに、視覚ばかりか嗅覚にも聴覚にも訴える燦爛《さんらん》たる肉を前にして、心のボルテージは極端にまで高まる。彼は性衝動にも似た激しさで、この肉の調理にとりかかるのである。彼の行動のすべてに、例外者たる誇りあるいは驕《おご》りが伏在していることは見抜きやすい。

共感覚という常人からみて特異な感覚作用がもたらす精神の高揚はときとして、はなはだしい特権者意識へと、人を走らせかねないのであろう。

本章で社会的な働きを十分に果たす共感覚をみてきたあと、私たちは終りに及んできわめて反社会的な事例に接した。共感覚を包括的な視点で捉えようとすれば、これがもともと抜きがたい両義性を持つことに注目しないわけにはいかない。文化的にそれは、社会制度が作り出す言語上・知覚上の洗練の成果ではある。しかし複数感覚の同時的な発動とはまた、原初の暗がりの名残りでもあるのだ。

　社会がどんなに「進歩」を重ね、人々が制度や習慣にどれほど深く組み込まれようと、日常の生活から原始的なものを払拭することはとうてい不可能である。私たちが日々人と接し、事物と交わるうえで欠かせないすべての感覚は、動物たちと直結するだけあって、その働きにおいて暗く妖しく、しばしば残酷でさえあり得る。見ること一つをとっても、それはこの上ない快楽の具であるとともに、人を傷つける鋭い刃物としても機能するのだ。

　人間がこの世で生きることは元来、不幸でしかないのだとよく言われる。人間の悲惨というものがもし存在するのだとすれば、その端的な例は、誰もが持つ感覚の二重作用にあるというべきであろう。

　本書もいよいよ終りにさしかかった。終章では観点を変え、共感覚が持ち得る創造の力について少し考えることにしたい。

終章　なぜ共感覚なのか

すべての感覚が一つに溶けあう／おお、神秘なる変容
（ボードレール／原田武訳「彼女をすべて」）

子どもと共感覚

共感覚がとりわけ子どもに多い現象であることは、第1章でみた。生まれて二、三ヶ月の時期には誰もが共感覚を体験しているのだという言説まであった。

これまでにもしばしば言及する機会のあった詩篇「照応《コレスポンダンス》」の作者ボードレールは、共感覚的知覚に対する並々ならぬ関心と並んで、人間形成上、子ども時代の重要さへの意識を痛切に抱いていた。彼は「エドガー・アラン・ポー、その生涯と作品」（一八五二）で、齢のいかない子どもたちについて「物たちがその刻印を柔らかく素直な精神のなかに深く打ち込むのは、この時期のことだ」と述べたあと、明らかに共感覚を念頭に置いて続ける。「色彩が華々しいのも、感覚が不可思議な言語を語

りかけるのも、この時期のことなのだ」

事実、本書で論じてきたような自己への固着とか、非社会性とか、現実と想像世界との混同から生じる神秘的なものの愛好とか、共感覚の特徴をなす要素は、そのまま子どもの性向をなすということもできる。前章の終わりで述べたような「社会」と「原始」との対立もまた、まだ社会人ではない子どもの場合、それほど尖鋭ではないのである。

もともと、発見やひらめきを生命とする共感覚は、知識の量とか世間知の多さとは無関係な地平で成り立つ。「共感覚は、これまで僕が出会ったなかで、いちばん直接的な種類の体験なんだ」と、シトーウィック（B）は対話者に向かって語る。「何が起こっているかを分析してそれについて言うのではなく、もっと直接的な何かだ。その直接さと単純さが、問題の核心に直結している」

となれば、常識やくだくだしい言葉と概念の操作とは無関係に、対象と同化し一体化し、直接、物そのものと密着してそれを生け捕りするかのような子どもの感性が、共感覚的知覚の格好の基盤となることも納得がいく。

「自然やその生命力とのエロース的とまでいえるほどの交歓」（福島章『不思議の国の宮澤賢治』）を特徴とする宮澤賢治の世界など、こんな共感覚的感性の好例といえるだろう。「おれたちのなかのひとりと／約束通り結婚しろ」と「繰り返し繰り返し／風がおもてで叫んでゐる」（「疾中」）といったたぐいの、子どもの夢にも似た自然との強固な同一化が彼の作品の特徴をなす[1]。

また、梶井基次郎の「ある心の風景」の主人公は、風にそよぐ高い欅《けやき》の梢を凝視するうちに、心のうちの何かがその梢にとまり、梢とともに揺れ動くのを感じる。「視《み》ること、それはもうなにかなのだ。自分の魂の一部分或いは全部がそれに乗り移ることなのだ」（強調は原著者）

梶井がボードレールを読み、彼に感化されたのではないかと思えるくらい、まったく同じ体験が『人工天国』に語られている。ボードレールがいうのに、仮にあなたの目が「風によって撓められた、調和あるかたちの樹木の上に停止した」とする。「あなたは樹木にまずあなたの情念、あなたの欲望もしくはあなたの憂愁を貸し与える」。ついで「樹木の呻きや揺れ動きがあなたのものとなり、やがてあなたが樹木である」。それはちょうど「外部の物象たちを凝視しているうちに、あなたは自分自身の実存するのを忘れ、やがてそれらと混じり合ってしまうほど」なのだ。

樹木という視像が同時に心的現象になり変わるのであるから、これはまさしくアナロジー体験であり、共感覚の一種と考えてよいだろう。

ボードレールが「現代生活の画家」（一八六三）で、「子どもはすべてを新しさのうちにみる。子どもはいつも酔っている。色彩や形態をむさぼり吸い込む子どもの歓びほど、いわゆる霊感に似たものはない」（強調は原著者）と書いているのは、このような全面的な対象との融合を指すのであろう。本当に、概念的な知覚が介入する以前の世界の新しさのなかで生きるのが子どもの特権なのである。

言うまでもないが、子どもの時期と成人期とを明確な一線で区別するのは当を得ない。齢を重ねた者のなかにも、幼いころの感性が少なからず伏在していることはよくある。共感覚が子どもにおいて顕著なばかりか、成人たちの共感覚現象に子ども的な特質が付いてまわるのも珍しくない。

前項で調べたように、商品の販路拡張とブランド・イメージの向上を目指して日々熾烈な競争に身を委ねるおとなたちも世の中にはいる。そんな人々からみて、「いつも酔っている」子どもなど一顧の価値もないのかもしれない。しかし、彼らが必死の思いで開発した香りつきの自動車に、いちばん反応するのは子どもたちかもしれず、彼ら自身としても、無意識裏に子ども時代の情熱に衝き動かされているのかもしれないのだ。

ゲーテの『若きウェルテルの悩み』で、「君、ぼくらだって子供とどうちがうんだ」（高橋義孝訳）と訴えるウェルテルの言葉に耳を貸してもよい。「天上の神の眼をもってすれば、大きい子供と小さい子供がいるだけだ」と彼はいう。「むしろぼくらの手本と仰ぐべきものをぼくらは目下に見ている」のだ。

「創造」の力として

『別冊・日経サイエンス』シリーズの一冊『感覚と錯覚のミステリー』に、脳神経学者として著名なラマチャンドラン、ハバート共著の「共感覚から脳を探る」という一文が収録されている。厳密な脳科学的考察が展開されるなかで、「創造性と共感覚」と題された項目が私たちの注意を惹く。

「共感覚の仕組みを神経学的に理解することによって、画家や詩人、小説家の創造力を多少は説明できるかもしれない」と前置きしたうえで、「ある研究によると、このようなクリエイティブな職業に携わる人々では、共感覚者の割合は一般の八倍にのぼるという」（古川奈々子訳）と、二人は言い切るのだ[2]。

彼らがここでとくに強調するのは、隠喩的表現の役割である。シェイクスピアの戯曲にある「あの窓が東の空ならば、ジュリエットは太陽」という台詞[3]を例に挙げて、これら共感覚たちの脳は「太陽と美少女のように一見無関係な領域どうしがリンクするようにできているかのようだ」と、彼らは述べる。

隠喩的表現については、私たちもむろんこれに重要性を与える。だが、前項で論じた対象との密着のように、もともと、これらの創造者が安易に既成の感覚作用に頼ろうとしない姿勢が、好ましい成果につながっていることを考慮に入れなければならない。むしろ、言語的・概念的な媒介を経ないでじかに事物に寄り添う、そんな世界認識の新鮮さ・柔軟さが、ラマチャンドランたちのいう隠喩的表現の生まれる基盤となっているのであろう。

あれこれ思いをめぐらすにつけ、ここでもボードレールを呼び出さないわけにはいかない。先ほども引用した『人工天国』の第六章「子どもである天才」の一節である。「子供の抱く、何かの小さな悲しみ、何かの小さな楽しみが、繊細な感受性によって度外れに拡大されて、後に、成年に達した人間のなかで、本人の知らないうちにであろうと、一個の芸術作品の原理となるのだ」。つまり「天才とは、今や自分を表現するために成年の強力な諸器官を具備するようになり、明確な形をとって表わされた幼年期に他ならないことが、容易に証明できるのではあるまいか[4]」。

「現代生活の画家」での簡潔な表現に置き換えれば、要は「天才とは意のままに再び見出された幼年期にほかならない」（強調は原著者）。

共感覚が原始的なものとも、幼児性とも連携を保っていることはこれまでにもみた。私たちはよくできた共感覚表現に接して、何か原初の泉にふれたような、懐かしさ、やさしさを感じないだろうか。

語彙が貧しくて擬声語や擬態語を多用し、抽象化も概念化も苦手な子どもたちにとって、何事であれ、カテゴリー間の障壁は薄い。子どもが隠喩の天才だなどと称されるのをここに思い合わせてもよく、「ぼくは機関車だ」などと真剣に「ごっこ」遊びにふけり、やすやすと一つの対象を他の対象に置き換える子どもたちにとっては、共感覚的な知覚はごく身近な存在なのであろう。

森田繁春のエッセイ「子供のこころと共感覚」から、眼の不自由な小学校四年の男子生徒の作った「星」という詩を引用しよう。

星はキラキラ光っているとみんながいう
ぼくは星を知らない
でも、なんだか
ねこのなき声みたいな気がする

隠喩表現に拠る限り、子どもであれ、おとなであれ、万物の即自的なカテゴリーから自由になれる。カテゴリー間を自由に行き来し、一つの世界にある別の世界、小さなもののなかに含まれた広大な空間に陶酔することもできる。

ジャン・ポミエはボードレールの詩篇「愛しあう二人の酒」を論じて、この詩のなかにもアナロジーの翼とともに「この世の外へならどこへでも」天がける強い願望のこもっていることを論じる。

出かけよう、ぶどう酒の背にまたがって
魔法のような神々しい空に向かって！（中略）
ぼくたちは、休みもなく中断もなく逃げていこう
ぼくの夢に出てきた楽園を目指して！

「ぶどう酒」「魔法」「楽園」といった言辞が共感覚体験と無縁ではないことを、私たちは第3章で知った。詩篇「飛翔」の世界も同様に、「人生の高みに舞い上がって」造作も無く「花たちや黙した品々の言葉を理解する」人々の、日常原理にはない万物照応的な歓びを語っていると理解できる。人間たちのうちには、地上に生きながらも地上的なしがらみから自由であろうとする願いが、つねに、どんな形でか、伏在しているものだ。

前章で論じたマクルーハンの『メディア論』は、「移し変える」力をとりわけ重要視する。「いっさいのメディアが活発なメタファーである」と彼はいい、生物学者ジュリアン・ハックスレーの言葉を引いて「単なる生物学的な存在ではなくて、経験を蓄える力を基礎に、それを移し伝え、移しかえる機構をもっている」ことに人間の強みを認めるのである。

確かに、人類がここまで前進を重ね、新しい地平を拓いてきたのも、すべての事物が互いに類比的な関係にあるとの発見にもとづくのだと考えることができる。個人のレベルでも、社会的な規模においても、一つのものが他の何かに転換できると知ったからこそ、さらなる飛躍が可能になったのであろう。万物照応の原理は、ただ魔術や錬金術の進歩にだけ貢献したわけではないのだ。

ラマチャンドランとハバートの二人がクリエイティブな職業と共感覚との強い連関を指摘したことも、自然な結論だと思われる。天の下にまったく新しいものなど存在するはずもなく、人間のできることはせいぜいで、既存のものを「移し変え」新しい衣をまとわせることにすぎない。そして、そんな隠喩関係の創出にあたって、子ども、あるいは子どもに近いおとなたちの持つ、新鮮な感性こそ貴重な武器となるのであろう。

共感覚的な感性は、子どもとおとなを結ぶ、細いかもしれなくても無視できない絆なのだ。ボードレールは「現代生活の画家」で、「子ども的な知覚」のことを即「無邪気さのあまり、鋭敏にも魔術的にもなった知覚」（強調は原著者）と称したのを心にとどめておいてよい。

類比関係の創出が人間活動の万般に及んで、前進の力となったそのなかでも、「共感覚」を通じて文学が得たものは大きい。数種の感覚が相互に融合し協働することもできる――その単純といえば単純な事実が、誰にでも具わった、日々それなくしては生きていけないいわば原始的な能力を、ときには斬新ときには巧緻な、驚きと発見の舞台たらしめてきたのである。

再びアニミズムについて

子どもと共感覚的な感性を結ぶきっかけとして、これまでに調べた対象への直接の関与とか、隠喩的な知覚にとともに、ぜひともアニミズムをここに加えねばならない。対象と直接に交わる限り事物それぞれの概念性が失われて、当然隠喩的な認識が生まれるし、隠喩自体が万物照応の世界観を前提として成り立つこともまた言うまでもない。

アニミズムへの傾斜は、共感覚に切り離しようもなく付随し、紙切れから動物へ、人形から母親へ、ごく自然に移行するのが子どもの世界なのだ。

私たちは第5章で、アニミズムについての知見を広めた。動植物のあいだに「種」を設けることの不当さも、入り組んだ迷路を最短距離で通り抜ける粘菌の「知能」も知った。

自然界にこんな生物が生存することを知らされると、これまでにも引き合いに出した藤崎慎吾の『ハイドゥナン』のような小説も、一概に荒唐無稽とは断じられなくなる。すでに述べたが、ここでは「圏間基層情報雲理論」という名の、自然科学の側に立つ万物照応の理論が物語の根幹をなす。共感覚者の努力のおかげで、枯草菌の発する罵声が聞こえ、岩石と人間のあいだに交流が成り立つばかりか、口寄せも、予知夢も、テレパシーも、十分に先端科学の研究対象になり得るとされる。

個々の事例では首を傾げたくなることがあっても、われわれ人類が「どこかで大事な能力を失ったのではないか」という疑問自体は私たちを惹きつける。「生物どうし、無生物どうし、あるいは生物と無生物との間には、(……)常に様々なコミュニケーション・チャンネルが開いている」というのである。

今は、アニミズムについての議論が花盛りの時代である。アニミズムを認めない一神教に死を宣告するのに似た高邁な立場もあれば(安田喜憲『一神教の闇――アニミズムの復権』)、人類学における進化主義の風潮に根ざした、アニミズム即未開人の宗教という図式がけっして正しくないと説く本もある(岩田慶治『アニミズム時代』)。どちらにしても、岩田のいうように「アニミズムは目前脚下の事実である」。

十九世紀の初頭、『青い鳥』のメーテルランクは当時の植物学の知見を踏まえて、さまざまの見地から花に宿る知性を論じた。「創意工夫に富んだ花の想像力は、人間と同様の慎重で綿密な方法」を採る。「花には、人間同様の忍耐強さ、粘り強さ、自尊心があるらしい」(『花の知恵』高尾歩訳)

万物照応の思想には、私たちに自らの不明を悟らせる効果がある。平凡な感想ながら、私たちはつねに人間の能力については謙虚、自然のありように対しては畏敬の念をもって接しなければならないのであろう。宗教と科学を峻別することは当を得ず、両者を包む柔軟かつ広範な視点の探求を惜しむべきではないのであろう。

「相違性は、表面で増殖しながら、深層では、消去しあい、混りあい、たがいにむすばれあい、不断の分散によってでもあるかのように多様なものがそこから派生するかと思われる、大きな、神秘的な、目に見えぬ焦点の統一性に近づいていくのだ」（渡辺・佐々木訳）

生物を「分類」することの空しさを論じながら、中沢新一が南方熊楠論『森のバロック』で引用するミシェル・フーコーの『言葉と物』の一節である。宗教的な見方からおよそ縁遠いと思える哲学者のくだす、まるでスウェーデンボリのような考察である。

同じ中沢が熊楠の構想した「南方マンダラ」の原理にふれ、ここでは「人間なるものは、気象や動植物や鉱物の領域に、いくつもの連絡の通路をうがたれたものとしてとらえられることになる」と記していることも指摘しておこう。

おとなと子どもを区別することが正しくないのと同様、科学と神秘とのあいだに不動の垣根を設けることも、また事実に即さないのである。

共感覚の世界

アニミズム、すなわち万物に「魂」が宿るという思想に接したとき、人々はどんな反応に出るのだろうか。おそらくは、霊魂を具えた生きものである動植物あるいは鉱物への畏敬や共感。地球上に生命を営むもの同士の連帯感……。

それらの万物が人間と同様の知覚と意識のもとに行動するとなれば、ときには恐怖や不安だって生じるかもしれない。いくらかジュリアン・グリーンの小説のように、深い森の樹木たちが動物同然の叫び声を発し、真夜中、古い屋敷の廊下の奥に、家具とおぼしい何やら不気味な生きものがうろつくといった情景だって、つい目に浮かぶだろう。

しかし、アニミズムそのものとは言いにくいかもしれないが、ケヴィン・ダンが真正な共感覚者だと折り紙をつけるウラジーミル・ナボコフの作品世界は、しばしば自分と自分以外の世界との穏やかな融和あるいは相互浸透を語って、私たち読者を和んだ気分に導く。

とりわけナボコフの自伝『記憶よ語れ』は、「葉の一部だと思っていたものが巧妙に変装した虫や鳥だったのを知ったときの、突き刺すような驚きの瞬間」を語る場合といい、「一粒の雨滴がハート形の葉の上に寄生して豪勢な光を放っていたのが」突然「中央の葉脈沿いにグリッサンドを奏でて」滑り落ちるのを見つめる描写といい、身辺の物たちがごく自然にその人の心に沁みこむのが感じられる。

おそらくは、これまで万物を隔てていた境界が失われて、何もかもが同等の立場で生きるという状況下では、すべてが理解しやすくなって親しみを覚え、自分が伸び広がったような安堵感を覚えるということもあり得るのであろう。ナボコフは「珍種の蝶とその食樹に囲まれているとき」にこそ「恍惚境」があるといい、「その恍惚境の背後には説明しがたいなにかが隠れている」と続ける。

そして、彼のいう「説明しがたいなにか」とは、「それは私が愛する一切のものを吸収してしまう一瞬の真空状態のようなものである。太陽や石と溶け合ってしまったような一体感。だれかにたいする――人間の運命の守護者ともいうべき、幸運な人間を守る優しい幽霊とも言うべき者にたいする――うずくような感謝の念」なのだ。

共感覚が外部世界への「豊かな」知覚であり得るのは、「太陽や石と溶け合ってしまったような」このような「一体感」のゆえだと考えてよい。

「急に衰えてしだいに静まってくる草木の騒ぎを背景に」、今まで巨大な滝のようであった「雨が長短さまざまな金の斜線に変って」いくのをうっとりと眺めたり、「へりがフラミンゴのようにピンク色に染まった、無数の、横に長い、暗紫色の雲が扇状に展開して、頭上にじっと静止」しているのに我を忘れたり。世間の基準では些事に属するものごとに惹かれるナボコフは、むしろのらくらした生活を愛する。「闘争やあくせくした生活は人間を豚に戻すだけなのだ」

『ぼくには数字が風景に見える』の作者ダニエル・タメットは、保育園のころ一日の大半を砂場にしゃがみこんで砂の一粒一粒に夢中になり、もう少し年長になってからは「部屋に射し込む陽の光のなかを、小さな無数の埃《ほこり》がきらきらと輝きながら〔彼の〕まわりで舞う」のを見ながら、何時間でも静かに座っているのを好む。

共感覚者である彼ら二人は、感覚イメージのなかに、こんなにも我を忘れて没入するのである。

共感覚は神経現象として説明されもし、表現上のレトリックに分類されもする。本書でみてきたように、それはまた人間の心理と情動にかかわる出来事であるとともに、社会と宗教のさまざまの場面ともつながりを持つ。

しかし、結局のところこれは知覚の一形式である。私たちを取り巻く広大な世界との親密な「一体感」を保ちながら、(できれば「うずくような感謝の念」とともに)たとえ些細なものごとであれ、感覚機能のすべてを挙げてその富を汲みつくすこと。

生まれつき共感覚を持つ人の場合であろうとなかろうと、平凡ながら、すべてはここに帰着するように思われる。

あとがき

共感覚にとりわけ興味を持つようになったのは、前著『プルースト 感覚の織りなす世界』でこの主題にかなりのスペースを割いてからである。それ以来、共感覚にまつわるくさぐさの問題を、プルーストから離れて広い視野で考えてみたい気持ちが、自分のなかでしだいに大きくなるのを覚えた。調べを進めるにつれ、万物照応とかアニミズムとか、感覚現象でありながらこのテーマには宗教にかかわる部分が少なくないのにとりわけ心を打たれた。『異端カタリ派と転生』のころから、素人なりに宗教の持つ意味をずっと気にかけていた私にとって、これは共感覚への関心がひときわ高まる動機となった。

ひとわたり仕事が終わったいま、原稿を読み返して、宗教の領域にやや手を広げすぎたのではないかとの反省も心に兆す。しかし数々の不備は覆いがたいとしても、私としては最小限、共感覚とは一個の「世界観」であるとの前提には固執せずにいられない。ほんらい言語自体が世界への見方を体現するものだとしても、その度合は共感覚表現において抜きん出て大きいと言ってよい。ボードレールのように、言葉を遣うこと自体がすでに創造主の塁を摩する行為だと考える人だっている。共感覚的な感性には、世界のありようについて思いを巡らすきっかけが、多少であれ伏在していると思えてならないのだ。

この仕事を進める途中で、京都・青山社から出ている季刊誌『流域』の六四、六五号に、それぞれ「知覚かレトリックか」と「聴くことの多様な広がり」を掲載してもらった。これらの内容は、大幅な加筆を行なったうえで、ほぼ本書の序章から第2章の骨組みとなった。

また、畏友中堀浩和氏には、ボードレールについてご教示にあずかった。その一詩句の出典をお尋ねしたところ、直ちに的確なご返答に接したのには、本格的なボードレリアンの凄さをみる思いであった。

本書で用いた文学作品からの共感覚表現の実例は、大部分が私自身の収集による。だが、そのいくつかについては次の二冊の恩恵を受けた。ここに記して、編者の方々に感謝の意を表する。

中村明編『感覚表現辞典』東京堂出版、一九九五
榛谷泰明編『レトリカ・比喩表現事典』白水社、一九八八

興味を持たれる読者のために巻末で、研究書のほか、本書で参照した外国文学の作品で邦訳のあるもののリストを掲げた。ただし、私としては可能な範囲で原文に当たって自分なりの解釈に立った。本書で引用した箇所の訳文が、すべてこれらの訳書どおりだとは限らない。

最後になったが、新曜社の社長塩浦暲氏は、本書の出版を快く引き受けてくださったばかりか、刊行にいたるまで万事において入念なご配慮をたまわった。サブタイトル「交流する感覚の冒険」も氏の着想による。どんなタイトルを続けるか、考えあぐねていた筆者にとって、これは思わぬ妙案であった。

細心の注意をもって原稿の点検に尽力された編集部の堀江利香氏ともども、心からの謝意を述べさせていただく。

二〇一〇年八月

原田　武

注

序章　共感覚の問題性

［1］　立花隆は心理学の用語 synesthesia の訳として「共感覚」を「あまりいい訳語だとは思えない」といい、代わって「感覚複合」を用いる（『臨死体験』）。しかしこの訳語がすっかり定着している現在、本書ではこのまま「共感覚」で通すことにする。

［2］　ロバート・バルディックは大部な『ユイスマンス伝』（岡谷公二訳）で、この「口中オルガン」はユイスマンス自身の着想ではなく、『味覚と嗅覚の化学――リキュールと香水を簡単かつ僅少の費用で作成するための基礎知識』という題の、十八世紀の無名の小冊子にもとづくのだという研究を紹介している。共感覚的な創意はどの時代にもあるものだ。

［3］　本文中、外国語文献からの引用箇所は訳者名を記載しない場合、著者の訳による。

第1章　知覚かレトリックか

［1］　シェレシェフスキーについては、ロシアの心理学者アレクサンドル・ルリヤが「シィー」との仮名のもとに、著書『ルリヤ　偉大な記憶力の物語』（天野清訳）の全巻に及んで詳細に論じた。第3章の「共感覚と記憶の能力」の項目で彼についてふれる。

[2] この表はエチアンブル『母音のソネ』一三〇頁から再掲。エチアンブルはこの調査について何もふれていないが、フルールノワの共感覚研究はフランス語の著書『色聴の現象について』(一八九三)に収められている。筆者は未見だが、この本を読んだケヴィン・ダンによれば、共感覚を「異常」とみなしつつもこれを「変質」と決め付けるのでなく、耳を動かすことができるといったたぐいの「特異な」ケースとして理解すべきだというのがフルールノワの基本的な立場のようである。なお、テオドール・フルールノワ(一八五四-一九二〇)とは長くジュネーヴ大学の教授を勤めた心理学者。研究の方向を幅広く深層心理や神秘現象に広げ、ユンクに強い影響を与えたことでも有名。

[3] 立花隆は『臨死体験』で視覚と触覚との連携を語りながら、「触覚情報が視覚情報に翻訳される可能性」について言及する。科学の世界では「TVカメラで映しとった視覚パターンをバイブレーターの振動パターンに変換し、それを人の背中などにあて〈触覚で見る〉ように訓練を重ねていくと、やがて本当に触覚で見ることができるようになるという実験」が現に行なわれているのだと彼は述べる。視覚と触覚との相互志向については本書で今後もふれる機会があるが、科学の力で両者が一体となる日が遠からず来るのかもしれない。

[4] 川田順造が同じ『聲』で引用する上村幸雄の論文「音声の表象性について」は、約百人の日本人インフォーマントについて行なわれた調査にもとづいている。その結果だけをごく大まかに紹介すれば、五つの母音のうちaに「大きさ」を感じる人が圧倒的に多く、「小ささ」はiが大多数を占める。「明るい」と「暗い」では、前舌母音が明るく、後舌母音が暗いとされる傾向が強い。また、子音を含めれば「四角い」は概して騒音的な非楽音、「丸い」は逆に楽音として捉えられる。

第2章　聴くことの多様な広がり

［1］　宮沢賢治はまたベートーベンのピアノ協奏曲「皇帝」を聴いて、「無数の悪鬼が光る剣をふりかざして戦っている」情景を見たといわれる。音楽を視覚化（つまりは言語化）することはむろん、ずいぶんと恣意的な行為ではある。しかし、言語と音楽のあいだにある程度の共通性があることも否定できない。ジャン＝ジャック・ルソーは民族的な音楽の発生基盤は、その民族が日常用いる話し言葉にあると述べたという。プルーストは、仮に言語が発明されなかった場合、音楽が魂の交流の唯一の実例となっただろうと考えた。そして彼は、いくばくかの無念さを滲ませて付け加える。「人類はほかの道、話し言葉の道、書き言葉の道に入り込んでしまったのだ」（『囚われの女』）。ときには、言語より音楽のほうが心のきめをよりよく表現することは誰しも経験するところである。

［2］　リズムについて追記すれば、J・E・ベーレントの『世界は音』（大島かおり訳）には、クオークという大きさのない点状の粒子レベルの研究にもとづいて、すべての物体は極限において関係、すなわち空虚とリズムから成り立つのだという、科学者の最近の見解が紹介されている。

［3］　篠田節子の長編小説『ハルモニア』は、抜群の記憶力と類まれな才能に恵まれながらも、いわゆる「サヴァン症候群」のゆえに口もきけず、社会生活にまったく適応できない女性チェロ奏者の物語である。ひたすらな努力が実って完璧な音の世界に到達したあと、彼女は心身ともに崩壊の坂を下る。彼女は最後にはチェロを弾くこともやめ、自分にしか聞こえない理想の「ハルモニア」の世界に引きこもってしまうのである。

［4］　ロラン・バルトが論じたシューマンの「クライスレリアーナ」は、ホフマンのこの作品に影響を受けたピアノ曲集である。

第3章　夢想と幻覚

［1］　第1章でみたように、種村季弘の『ナンセンス詩人の肖像』ではランボーの「母音」がグロッソラリーに近いものとして論じられる。種村はここでランボーの作品そのものの解釈には踏み込まないものの、「感覚の錯乱が現実の精神病者のなかにもいちじるしく認められる」ことに注意を惹く。彼はその一例として、ドイツの精神病理学者プリンツホルンの『精神病者の美術』に登場するアウグスト・クロッツなる患者を取り上げ、その発明になる「超ランボー風」の「色彩アルファベット」を引用するのだ。「a＝英国＝赤、赤蕪《かぶら》、b＝ブロンズ色の金属、c＝臙脂《えんじ》虫＝赤、d＝太陽光線の黄＝街の埃の色」など、確かにランボーを上回る異様さではある。

［2］　立花隆が注意を促すように、臨死体験だからといって即、死後の世界を垣間見るといった神秘現象だとは限らない。それは死に瀕して弱りきった脳のなか起こる、特異な幻覚かもしれないのだ。

［3］　今日ではほとんど読む人もいないが、残酷趣味に溢れたウージェーヌ・シューの長編海洋小説『アタル＝ギュル』（一八三二）には、船長ブリュラールが人に隠れて思うさまアヘンの吸飲を楽しむ長い挿話がある。「おお、甘美にして心を魅するアヘンの酔い、純粋かつ精妙なる酔い、ただただ精神的な、高尚な、詩的な酔い！」陶酔の果てに見た夢のなかで、彼はオレンジに手を噛まれたり（！）、妖艶な美女に殺されそうになったりするから、幻覚剤の恐ろしさも同時に語られているのだが。

第4章　宗教からみた共感覚

［1］　かつて筆者は、この聖人についてエッセイ「不潔と聖性」を草した（「流域」五九号、二〇〇六年一一月）。個人的な好みもあるが、もう少し人に知られてよい宗教者だと思われる。

[2] マーチン・リンストロームの『五感刺激のブランド戦略』については第6章で取り上げるが、この本で著者は一つのブランドに対する熱烈な愛好はすでに宗教に等しいのだと考える。彼のみるところ「ブランド教」の特質は、次の一〇項目にまとめられる。①特定のブランドへの帰属意識、②目的意識を伴った明確なヴィジョン、③敵からパワーをもらうこと、④真正さへの信頼、⑤一貫性、⑥完璧性への希求、⑦感覚訴求、⑧儀式、⑨シンボル、神秘性。ブランド崇拝のこのような宗教扱いが間違っているとは思わないし、あらゆる排他的な情熱は多少とも同様の特質を持つだろう。しかし、こと宗教そのものに関する限り、対立したものへの逆転、あるいはその止揚への努力こそが真の信仰を作るのだと思わざるを得ない。『おそれとおののき』で、キルケゴールがアブラハムの偉大さを称えて言った言葉を思い出す。「無力さを強さとする力によって、愚かさをその秘密とする知恵によって、狂気の姿をした希望によって、自己みずからにたいする憎しみである愛によって」彼は偉大だったのである。

第5章 「万物照応」という思想

[1] フランス革命期に生きたアントワーヌ・ファーブル・ドリヴェは、詩人としても神秘思想家としても活躍。ゲーテやピュタゴラスと同様、地球も他の天体もすべて「生物」だとの説を唱えた。オカルト史上、彼の果たした役割は荒俣宏の『神秘学マニア』でも言及される。

[2] ジャン・ギヨームとクロード・ピショワ編纂のプレヤード叢書版『ネルヴァル全集』の注解による。

[3] 『フランス(一七五〇–一九五〇)秘教的音楽の系譜』との副題を持つこの本は、和声・調性・音階といった楽曲の構造そのものから秘教的なものを探るユニークな著作である。私のように音楽理論にまったく疎い者に

は歯が立たない箇所が多いが、作曲家たちの努力しだいで、西洋音楽のように細かな約束事に縛られた世界からでも秘教的な訴えが醸し出されることを著者は主張したいようである。

［4］ シャルル・フーリエが奇妙な未来人を思い描いたことは先に述べた。未来の人間は尻尾に似た長い第五肢を持ち、しかもその先端には眼球が一つ付いているというのだ。これを含む、未来に向けたフーリエの、ときには異様としかいえない創意や発明の数々を、「進歩の可能性」の追求として口をきわめて賞賛する人もいる。長編『モーパン嬢』（井村実名子訳）の序文でのテオフィル・ゴーチエである。「何という豊穣！ 何という創意！」「今日まで人間が抑圧に努めてきた心の衝動を活用しようとするフーリエの着想は、間違いなく高潔で力強い思想である」

［5］ エリファス・レヴィは同じ『高等魔術の教理と祭儀』で、「照応こそ〈自然〉のすべての秘密の鍵にして、すべての啓示の唯一の存在理由である」旨を揚言してやまない。万物が基本的に「一」であると認めるからこそ、物質の変成も相互の交換も可能になる。「金属の変成は照応の具体的鍵を用いて精神面でも物質面でも為し遂げられる」と彼は述べるのである。

［6］ 若い日の宮沢賢治が日蓮主義と法華経に深く心を揺すぶられたことはよく知られている。末木文美士は彼が「政治との関わりを一切持たずに、『法華経』に広大な宇宙観を読み取り、詩や童話に展開した」（『日本宗教史』）と書く。福島章は「法華経の立場に立ってみるとき、世界はヴァイタリティに富み、アニミズムの世界となる」といい、「賢治の魂の奥底にあったディモニッシュなものが、法華経の力強い生命の賛歌、壮大なアニミズムの世界と共鳴して〈体のふるへを禁じ得ぬ〉感動を与えたのであろう」（『宮沢賢治・芸術と病理』）と続ける。宮沢賢治のアニミズム＝万物照応思想の源に、このような仏教思想の認められることがわかる。

第6章　共感覚と社会

［1］「耳で見て」の短歌は、広瀬浩二郎の『触る門には福来たる』中の引用で知った。この短歌には、五感のいずれかに障害を持つ人への激励の意図がこめられているという。なお広瀬のこの著書は、目の不自由な人にとっての「触る」世界の豊かさを縦横に語る。

［2］「触感的」は、ジル・ドゥルーズ『感覚の論理』の訳者山縣熙の訳語である。篠原資明は著書『漂流思考』中の「身体の交通線」でドゥルーズの同じ本を論じて「触視的」の語を当てる。

［3］マクルーハンの「グローバル・ヴィレッジ」「ホット・メディアとクール・メディア」といった概念の解釈については、宮澤淳一の『マクルーハンの光景　メディア論がみえる』に助けられた部分が大きい。

終章　なぜ共感覚なのか

［1］実例を追加するまでもないが、七つ森を相手として自然との一体感をうたった宮沢の短歌を二首挙げておく。「おきな草とりて示せど七つ森雲のこなたにむづかしき面《おも》」。「七つ森青鉛筆を投げやればにはかに機嫌を直してわらへり」

［2］ラマチャンドラン博士の同様の考えは、ダニエル・タメットの『ぼくには数字が風景に見える』にも紹介されている。ただしここでは、「創作活動に携わっている人で共感覚を持つ人」の割合は一般人の「七倍」である。

［3］正しくは、「まて、あの窓からさしそめる光はなに？／むこうは東、とすればジュリエットは太陽」（第二幕第二場、小田島雄志訳）。

［4］ ほとんど同じ言い方が「現代生活の画家」にもみられる。天才と幼年期との同一視が、よほどボードレールの気に入っていたのであろう。

主な参考文献

【研究書】

あ〜お

青柳いづみこ「ワーグナーと倒錯のエロス」、日本ワーグナー協会編『年刊ワーグナー・フォーラム』東海大学出版会、二〇〇四年号
アッカーマン、ダイアン『感覚の博物誌』岩崎徹・原田大介訳、河出書房新社、一九九六〔一九九〇〕
石井洋二郎『科学から空想へ　よみがえるフーリエ』藤原書店、二〇〇九
板谷栄城『宮沢賢治　美しい幻想感覚の世界』でくのぼう出版、二〇〇〇
板谷栄城『宮沢賢治の見た心象』日本放送出版協会、一九九〇
市川浩『精神としての身体』勁草書房、一九七五
井筒俊彦『神秘哲学』第一部、人文書院、一九七八
稲垣直樹『ヴィクトル・ユゴーと降霊術』水声社、一九九三
岩崎純一『音に色が見える世界　「共感覚」とは何か』ＰＨＰ新書、二〇〇九
岩田慶治『アニミズム時代』法蔵館、一九九三

巖谷國士『幻視者たち――宇宙論的考察』河出書房新社、一九七六
ウルマン、スティーヴン『意味論』山口英夫訳、紀伊國屋書店、一九六四〔一九五九〕
上村幸雄「音声の表象性について」『言語生活』筑摩書房、一九六五年一二月号
Etiemble, *Le sonnet des voyelles*, Gallimard, 1968
江藤淳「モネの見た闇――睡蓮のなかのワーグナー」『藝術新潮』新潮社、一九六一年一一月号
大森荘蔵・坂本龍一『音を視る、時を聴く』ちくま学芸文庫、二〇〇七
大岡昇平「ワグナーを聞かざる辯」『藝術新潮』新潮社、一九五五年二月号
小倉孝誠『身体の文化史 病・官能・感覚』中央公論新社、二〇〇六

か〜こ

川田順造『聲』ちくま学芸文庫、一九九八
Cœuroy, André, *Wagner et l'esprit romantique*, Collection «Idées», Gallimard, 1965
国広哲弥「五感をあらわす語彙 共感覚比喩的体系」『月刊言語』大修館書店、一九八九年一一月号
クラッセン、コンスタンス『感覚の力』陽美保子訳、工作舎、一九九八〔一九九三〕
クローデル、ポール『眼は聴く』山崎庸一郎訳、みすず書房、一九九五〔一九六四〕
ゲーテ『色彩論』高橋義人ほか訳、工作舎、一九九九〔一八一〇〕
ゴドウィン、ジョスリン『音楽のエゾテリスム』高尾謙史訳、工作舎、二〇〇一〔一九九一〕
小西甚一「〈鴨の声ほのかに白し〉――芭蕉句分析批評の試み」『文学』岩波書店、一九六三年八月号
コルバン、アラン『音の風景』小倉孝誠訳、藤原書店、一九九七〔一九九四〕

コルバン『においの歴史 嗅覚と社会的想像力』山田登世子・鹿島茂訳、藤原書店、一九九〇〔一九八二〕
ゴンサレス＝クルッシ『五つの感覚』野村美紀子訳、工作舎、一九九三〔一九八九〕
コンディヤック『感覚論』加藤周一・三宅徳嘉訳、創元社、一九四八〔一七五四〕

さ〜そ

サックス、オリヴァー『火星の人類学者』吉田利子訳、早川書房、二〇〇一〔一九九五〕
サックス、オリヴァー『妻を帽子とまちがえた男』高見幸郎・金沢泰子訳、晶文社、一九九二〔一九八五〕
Cytowic, Richard E., *Synesthesia : A Union of the Senses*（Second Edition）, MIT Press, 2002
シトーウィック、リチャード・E・『共感覚者の驚くべき日常』山下篤子訳、草思社、二〇〇二〔一九九三〕
『澁澤龍彦全集』二二巻、別冊二巻、河出書房新社、一九九三－一九九五
シュタイナー、ルドルフ『芸術の贈りもの』高橋巖訳、筑摩書房、二〇〇四
シュネデール、マルセル『フランス幻想文学史』渡辺明正・篠田知和基訳、国書刊行会、一九八七〔一九八五〕
スウェーデンボリ『天界と地獄』長島達也訳、アルカナ出版、二〇〇二〔一七五八〕
杉山卓史「ヘルダーの共通感覚論——共感覚概念の誕生」、美學会『美學』二二五号〔二〇〇六年夏〕
スタロバンスキー、ジャン『活きた眼』大浜甫訳、理想社、一九七一〔一九六一〕
スミス、ジリン『五感の科学』中村真次訳、オーム社、一九九一〔一九八九〕
Segalen, Victor, *Les synesthésies et l'école symboliste*, Fata Morgana, 1981

た〜と

高村光太郎「触覚の世界」、『美について』筑摩叢書、一九六七
高橋和夫『スウェーデンボルグの〈天界と地獄〉』ＰＨＰ研究所、二〇〇八
武井秀夫・中牧弘允編『サイケデリックスと文化』春秋社、二〇〇二
竹内公誠「詩的許容としての共感覚転用——ボードレールの場合を中心として」『武蔵大学人文学会雑誌』一八（二）、一九八七年二月
竹内公誠「形容詞の共感覚的用法と〈意味法則〉——S. UllmannおよびJ. M. Williamsの所説をめぐって」『武蔵大学人文学会雑誌』一二（四）、一九八一年三月
武満徹『音、沈黙と測りあえるほどに』、『武満徹著作集』新潮社、第一巻、二〇〇〇
立花隆『臨死体験（上・下）』文藝春秋、一九九四
田中聡『〈超人〉へのレッスン〈五感の危機〉を超えて』中央公論社、一九九六
Tamuly, Annette, *Julien Green à la recherche du réel*, Sherbrooke, 1976
種村季弘『ナンセンス詩人の肖像』ちくま学芸文庫、一九九二
種村季弘『不思議な石のはなし』河出書房新社、一九九六
タメット、ダニエル『ぼくには数字が風景に見える』古屋美登里訳、講談社、二〇〇七〔二〇〇六〕
Dann, Kevin T., *Bright Colors Falsely Seen : Synaesthesia and the Search for Transcendental Knowledge*, Yale University Press, 1998
ディドロ『ダランベールの夢』新村猛訳、岩波文庫、一九五八〔一七六九〕
デュフレンヌ、ミケル『眼と耳——見えるものと聞こえるものの現象学』桟優訳、みすず書房、一九九五〔一九九九

二〕
トゥアン、イーフー『感覚の世界』阿部一訳、せりか書房、一九九四〔一九九三〕
ドゥティエンヌ、マルセル『アドニスの園　ギリシアの香料神話』小苅米晛・鵜沢武保訳、せりか書房、一九八三〔一九七二〕
ドゥルーズ『感覚の論理　画家フランシス・ベーコン論』山縣熙訳、法政大学出版局、二〇〇四〔一九八一〕

な〜の

中井久夫「われわれはどうして小説を読めるのか」『図書』岩波書店、二〇〇八年九月号
中沢新一『チベットのモーツァルト』せりか書房、一九八三
中沢新一『森のバロック』講談社学術文庫、二〇〇六
中村祥二『香りの世界をさぐる』朝日選書、一九八九
中村雄二郎『共通感覚論』岩波書店、一九七九
中村雄二郎『パトスの知』筑摩書房、一九八二
野原泰子「スクリャービンの〈共感覚〉——文化的背景を踏まえての再考察」、日本音楽学会『音楽学』五一巻三号、音楽之友社、二〇〇五

は〜ほ

ハクスレー、オルダス『知覚の扉・天国と地獄』今村光一訳、河出書房新社、一九八四〔一九五四、一九五六〕
博報堂生活総合研究所編『〈五感〉の時代——視・聴・嗅・味・触の消費社会学』プレジデント社、一九九四

ハリソン、ジョン『共感覚 もっとも奇妙な知覚世界』松尾香弥子訳、新曜社、二〇〇六〔二〇〇一〕
バルト、ロラン『第三の意味』沢崎浩平訳、みすず書房、一九八四〔一九六〇－一九八〇〕
バルト、ロラン「シューマンの〈クライスレリアーナ〉」岸本浩訳、『海』中央公論社、一九八三年八月号
バルト、ロラン『サド、フーリエ、ロヨラ』篠田浩一郎訳、みすず書房、一九七五〔一九七一〕
広瀬浩二郎『触る門には福来たる』岩波書店、二〇〇四
福島章『不思議の国の宮沢賢治』日本教文社、一九九六
福島章『宮沢賢治・芸術と病理』金剛出版、一九七〇
ブラン、ジョルジュ『ボードレール』阿部良雄・及川馥訳、沖積舎、一九八五〔一九三九〕
フーリエ、シャルル『四運動の理論』巖谷國士訳、現代思潮新社、一九八四〔一八〇八〕
フロイト『幻想の未来／文化への不満』中山元訳、光文社古典新訳文庫、二〇〇七〔一九二七／一九三〇〕
ペール、アンリ『象徴主義文学』堀田郷弘・岡川友久訳、白水社〈文庫クセジュ〉、一九八三〔一九七六〕
ベーレント、J・E・『世界は音 ナーダ・ブラフマー』大島かおり訳、人文書院、一九八六〔一九八三〕
ヘニンガー、S・K・『天球の音楽』山田耕士ほか訳、平凡社、一九九〇〔一九七四〕
Pommier, Jean , *La mystique de Baudelaire*, Slatkine Reprints, 1967
Pommier, Jean , *La mystique de Proust*, Droz, 1968
ホール、エドワード『かくれた次元』日高敏隆・佐藤信行訳、みすず書房、一九七〇〔一九六六〕

ま〜も

マクルーハン、マーシャル『メディア論 人間の拡張の諸相』栗原裕・河本仲聖訳、みすず書房、一九八七〔一九

六四〕
マクルーハンほか編『マクルーハン理論 電子メディアの可能性』大前正臣・後藤和彦訳、平凡社ライブラリー、二〇〇三〔一九六〇〕
町田甲一『大和古寺巡歴』講談社学術文庫、一九八九
Marie, Arsitide, *Gérard de Nerval : le poète, l'homme*, Slatkine Reprints, 1980
Michaud, Guy, *La doctrine symboliste (documents)*, Nizet, 1947
宮澤淳一『マクルーハンの光景 メディア論がみえる』みすず書房、二〇〇八
宮西照夫・清水義治『古代文化と幻覚剤 神々との饗宴』川島書店、一九九五
メシアン、オリヴィエ／サミュエル、クロード『オリヴィエ・メシアン その音楽的宇宙――クロード・サミュエルとの新たな対話』戸田邦雄訳、音楽之友社、一九九三〔一九八六〕
メシアン、オリヴィエ「私の音楽技法」船山隆訳、『音楽芸術』一九九二年七月号
メーテルランク『花の知恵』高尾歩訳、工作舎、一九九二〔一九〇七〕
メルロー＝ポンティ『知覚の現象学』竹内芳郎ほか訳、みすず書房、一九七四〔一九四五〕
モーロン、シャルル『晩年のボードレール』及川馥・斉藤征雄訳、砂子屋書房、一九八二〔一九六六〕
森田繁春「子供の心と共感覚」『大阪教育大学英文学会誌』三四号、一九八九

や〜よ

安井稔『言外の意味』研究社出版、一九七八
安田喜憲『一神教の闇――アニミズムの復権』ちくま新書、二〇〇六

山口治彦「さらに五感で味わう」、瀬戸賢一編『ことばは味を超える』、海鳴社、二〇〇三
山口裕之「〈視覚－触覚〉の言説とメディア理論――ベンヤミンとマクルーハンの邂逅」、『思想』岩波書店、二〇〇九年一、二月号
山下柚実「五感による〈多重接点〉が人とモノとの幸福な関係を築く」、ベルシステム24総合研究所編『交感する科学』ベルシステム、二〇〇七
山下柚実『五感喪失』文藝春秋、一九九九
横尾忠則「死と救済のイメージ」『ユリイカ』青土社、一九八三年八月号

ら〜わ

ラマチャンドラン／ハバート「共感覚から脳を探る」古川奈々子訳、『別冊日経サイエンス 感覚と錯覚のミステリー』日経サイエンス社、二〇〇七
リー、シュレイン『アシッド・ドリームズ』越智道雄訳、第三書館、一九九二〔一九九二〕
リン・ダフィー、パトリシア『ねこは青、子ねこは黄緑 共感覚者が自ら語る不思議な世界』石田理恵訳、早川書房、二〇〇二〔二〇〇一〕
リンストローム、マーチン『五感刺激のブランド戦略』ルディー和子訳、ダイヤモンド社、二〇〇五〔二〇〇五〕
ル・ゲレ、アニック『匂いの魔力』今泉敦子訳、工作舎、二〇〇〇〔一九八八〕
ルリヤ、A・『ルリヤ 偉大な記憶力の物語』天野清訳、文一総合出版、一九八三〔一九六八〕
Le Guern, Michel, *Semantique de la métaphore et de la métonymie*, Larousse, 1973
ルソー『エミール』今野一雄訳、岩波文庫、一九六二〔一七六二〕

レヴィ、エリファス『高等魔術の教理と祭儀』生田耕作訳、人文書院、一九八二〔一八五六〕
ローラー、ロバート『アボリジニの世界――ドリームタイムと始まりの日の声』長尾力訳、青土社、二〇〇三〔一九九一〕
鷲田清一『感覚の幽《くら》い風景』紀伊國屋書店、二〇〇六

【外国の文学作品】

あ〜の

ヴィアン、ボリス『日々の泡』曽根元吉訳、新潮社、一九七〇〔一九四七〕
グリーン『幻を追う人』福永武彦訳、『ジュリアン・グリーン全集9』人文書院、一九八一〔一九三四〕
ゴーチエ、テオフィル「魔眼」小柳保義訳『魔眼――フランス幻想小説』現代教養文庫、社会思想社、一九九一〔一八五七〕
ゴーチエ「ハシッシュ吸飲者倶楽部」店村新次・小柳保義訳『ゴーチエ幻想作品集』創土社、一九七七〔一八四六〕
ゾラ、エミール『ムーレ神父のあやまち』清水正和・倉智恒夫訳、藤原書店、二〇〇三〔一八七五〕
ゾラ『パリの胃袋』朝比奈弘治訳、藤原書店、二〇〇三〔一八七三〕
ナボコフ、ウラジーミル『ナボコフ自伝　記憶よ語れ』大津栄一郎訳、晶文社、一九七九〔一九六六〕
『ネルヴァル全集』3巻、入沢・稲生・井村編、筑摩書房、一九七五－一九七六

は〜ほ

パーカー、T・ジェファーソン『レッド・ボイス』（原題『墜落した人たち』）七搦理美子訳、早川書房、二〇〇八〔二〇〇六〕

バルザック、オノレ・ド『セラフィタ』沢崎浩平訳、国書刊行会、一九七六〔一八三五〕

バルザック『ルイ・ランベール』水野亮訳、『バルザック全集』第二一巻、東京創元社、一九七五〔一八三二〕

プルースト、マルセル『失われた時を求めて』一三巻、鈴木道彦訳、集英社文庫ヘリテージシリーズ、二〇〇六―二〇〇七〔一九一三―一九二七〕

ブロワ、レオン『貧しき女』水波純子訳、中央出版社、一九八二〔一八九七〕

ポー、エドガー・アラン「鋸山奇談」小川和夫訳、『ポオ全集』第2巻、東京創元社、一九六九〔一八四四〕

『ボードレール全集』六巻、阿部良雄訳、筑摩書房、一九八三―一九九三

ホフマン、アマデーウス「クライスレリアーナⅠ、Ⅱ」伊狩裕訳、『ドイツ・ロマン派全集』第2期『ホフマンⅡ』国書刊行会、一九八九〔一八一四、一八一五〕

ま〜ろ

マス、ウェンディ『マンゴーのいた場所』金原瑞人訳、金の星社、二〇〇四〔二〇〇三〕

マドセン、デヴィッド『カニバリストの告白』（原題『肉食者の告白』）池田真紀子訳、角川書店、二〇〇八〔一九九七〕

メリメ、プロスペル「イールのヴィーナス」杉捷夫訳、日影丈吉編『フランス怪談集』河出文庫、一九八九〔一八三七〕

モーパッサン、ギー・ド「放浪生活」木村庄三郎訳、『モーパサン全集』第1巻、春陽堂書店、一九六五〔一八九〇〕
ユイスマンス、ジョリス＝カルル『さかしま』澁澤龍彦訳、桃源社、一九六六〔一八八四〕
ユイスマンス『彼方』田辺貞之助訳、創元推理文庫、一九七五〔一八九一〕
ユイスマンス『出発』田辺貞之助訳、桃源社、一九七五〔一八九五〕
ユイスマンス『大伽藍』出口裕弘訳、平凡社ライブラリー、一九九五〔一八九八〕
ユイスマンス『腐爛の華 スヒーダムの聖女リドヴィナ』田辺貞之助訳、国書刊行会、一九八四〔一九〇一〕
『ユゴー詩集』辻昶・稲垣直樹訳、潮出版社、一九八四
『ランボオ全詩』粟津則雄訳、思潮社、一九八八
ロデンバック、ジョルジュ『死都ブリュージュ』田辺保訳、国書刊行会、一九八四〔一八九二〕

著者紹介

原田　武（はらだ　たけし）
1933年，京都市生まれ。大阪外国語大学（現・大阪大学外国語学部）を経て，1958年，大阪市立大学大学院修士課程を修了。専攻はフランス文学。立命館高等学校，帝塚山大学，大阪外国語大学，関西福祉科学大学に勤務。現在，大阪外国語大学名誉教授。
著書に，『異端カタリ派と転生』（人文書院，1991），『プルーストと同性愛の世界』（せりか書房，1996），『プルーストに愛された男』（青山社，1998），『インセスト幻想―人類最後のタブー』（人文書院，2001），『文学と禁断の愛―近親姦の意味論』（青山社，2004），『プルースト 感覚の織りなす世界』（青山社，2006）。
訳書に，ジュリアン・グリーン『ヴァルーナ』（青山社，1975），同『私があなたなら』（青山社，1979），同『アシジの聖フランチェスコ』（人文書院，1984），同『信仰の卑俗化に抗して』（青山社，1993）ほか。

新曜社

共感覚の世界観
交流する感覚の冒険

初版第1刷発行　2010年10月15日 ©

著　者　原田　武

発行者　塩浦　暲

発行所　株式会社 新曜社
〒101–0051　東京都千代田区神田神保町2-10
電話(03)3264-4973(代)・Fax(03)3239-2958
e-mail info@shin-yo-sha.co.jp
URL http://www.shin-yo-sha.co.jp/

印刷　三協印刷　Printed in Japan
製本　イマヰ製本所

ISBN978-4-7885-1208-5　C1090